F. E. Eckard Strohm
Compañeros en el camino
Un viaje espiritual a través de las relaciones de pareja

F. E. Eckard Strohm
Compañeros en el camino
Un viaje espiritual a través de las relaciones de pareja

EDICIONES **ABRAXAS**

Prefacio

Considero un gran privilegio haber podido leer este manuscrito antes de que se convirtiera en libro y sea publicado. Por mi experiencia de muchos años como terapeuta de psicoterapia e hipnosis me alegro en especial de poder recomendar ahora este libro a mis pacientes y a todos los que están buscando pareja. Es una guía de gran valor para cualquier tipo de relaciones, sea para los padres, aquellos que buscan pareja, parejas y compañeros de todo tipo o para amigos. Deseo a todos los lectores que este libro les sea de gran ayuda en su camino de la vida.

Christine Schmitt

Fundadora del Instituto PLEOMA
(PLEOMA - Institut für Problem- und Konfliktlösung)

Dedicatoria

Dedico este libro a mis dos hijos, David e Immanuel. Deseo que les ayude más tarde para encontrar su pareja y en sus relaciones de pareja.

Título original:
Essenisches Schulungs- und Handelszentrum

© 2013 by Ediciones Abraxas

Diseño y maquetación:
Vanesa Diestre

La presente edición es propiedad de
Ediciones Abraxas S.L.
edicionesabraxas@gmail.com

Impreso en España / *Printed in Spain*
ISBN: 978-84-15215-13-4
Depósito legal: B-24629-2013

Contenido

Introducción

Desde que tenía diez años las personas me buscan para pedirme ayuda. Muchos de ellos venían y vienen para pedir ayuda y consejo para encontrar pareja o para sus relaciones de pareja. A raíz de esta experiencia a lo largo de los años, tomé la decisión de escribir un libro para todos aquellos que no encuentran el camino hacia mí. Este libro quiere ayudar a que las personas comprendan sus problemas a la hora de encontrar pareja o en sus relaciones de pareja y quiere ser una ayuda para superar estos problemas. Especialmente las personas orientadas espiritualmente a menudo se lo complican mucho. Cuando estaba escribiendo este libro, las tenía en especial consideración.

F.E. Eckard Strohm

¿Qué es la espiritualidad?
¿Qué es la conciencia?

Aquel que un día empieza a interesarse por la espiritualidad porque quiere saber más sobre el sentido de la vida, se verá una y otra vez enfrentado con las dos palabras de la espiritualidad y de la conciencia. Si preguntamos a un esotérico sobre la conciencia, él nos suele contestar que en realidad no se trata de la conciencia sino de la ampliación de la conciencia.

¿Ampliación de la conciencia? ¿Qué conciencia debo ampliar y cómo se hace? ¿La conciencia de vigilia? ¿El subconsciente? ¿La conciencia superior? Con todos estos términos, el principiante empezará pronto a estar confundido.

La conciencia es una característica esencial de la espiritualidad. Igualmente, no hay que confundirla con tener conocimientos. La conciencia es más bien el producto final, es decir, la quintaesencia del reconocimiento, del sentimiento y de la experiencia reunida desde la acción. Aquél que desarrolla este tipo de conciencia en sí mismo y que también lo vive, será automáticamente una persona espiritual.

La conciencia es una palabra a menudo utilizada cuando se habla de espiritualidad, especialmente en los círculos esotéricos. Pero, ¿qué es exactamente la conciencia y cuándo podemos hablar de una persona consciente y por tanto espiritual? Solemos confundir la conciencia con lo que son los conocimientos, pero la conciencia es mucho más, pues es el resultado de la comprensión, de la acción y de los sentimientos, de cuerpo, mente y de las sensaciones viscerales. Es necesario comprender las cosas real y profundamente, y entenderlas y procesarlas además a nivel emocional, aunque ante lo último retrocedemos a veces inconscientemente. Otro factor necesario para llegar a la conciencia es poner en práctica el tema sobre el cual queremos obtener conciencia. Únicamente la experiencia concreta realizada a través de la acción conduce a la comprensión auténtica y nos da la impresión y la comprensión emocional.

La regla cósmica correspondiente es:

Después del reconocimiento debe seguir la acción. Sin acción se produce sufrimiento.

Las personas teóricas por lo tanto nunca alcanzarán conciencia de las cosas, no conseguirán ser espirituales o vivir de forma verdaderamente espiritual. ¡La espiritualidad no está limitada a una vida espiritualizada sin tener los pies en el suelo, perdiendo así el contacto con la realidad, sino que es más bien la vida activa! Una persona espiritual actúa conscientemente y alcanza conciencia a través de sus actos. Tener conciencia significa "ser consciente". Ser consciente significa también, aprender a mirar detrás de las apariencias. También significa estar completamente libre de prejuicios y abierto para cualquier cosa que nos llegue. Un vaso lleno no se puede llenar más. Cuanto más vacío esté el vaso, más cabe dentro. Lo mismo sucede con las personas. Cuanto menos conocimientos espirituales tienen, más se pueden dejar llenar. El problema es que existen, sobre todo en el ámbito de la espiritualidad, tantas cosas absurdas en el "mercado", que resulta difícil diferenciar lo correcto de lo absurdo, algo que muchas veces es una tarea imposible, especialmente para los principiantes. De esta forma sucede que nos llenan con enseñanzas falsas y que tardamos a veces mucho tiempo en darnos cuenta. Y a veces, no llegamos nunca a darnos cuenta. Una de las razones por ello es la falta de conocimiento sobre ciertos procesos en nuestro cerebro y sobre el poder del subconsciente. De ello hablaré más adelante.

Imagínese un bombero. Puede ser que no sea un hombre espiritual, pero todo lo que hace lo hace de forma absolutamente consciente, por eso es un buen ejemplo de la conciencia como característica de la espiritualidad. Él conoce exactamente los peligros, sabe qué fuerzas actúan en los diferentes tipos de fuego y sabe cuándo, dónde y cómo debe actuar. Estos conocimientos los ha adquirido durante su formación. Además los ha utilizado y aplicado muchas veces en la práctica, reuniendo así experiencias concretas e incluso algunos morados o roturas de huesos leves. Por otra parte, las experiencias reunidas y los actos realizados le han dado una noción exacta sobre su campo de trabajo. Se identifica emocionalmente con su trabajo y sus tareas como bombero. Conoce además exactamente las emociones y sensaciones durante una intervención y quizás ha tenido que luchar contra sus miedos y los ha superado. Un bombero, altamente concentrado antes de una intervención, está en este momento mucho más consciente que muchos esotéricos que utilizan esta palabra constantemente, pero que lo confunden con tener conocimientos.

La persona que es consciente de sí misma de esta manera (¿quién soy yo?) es seguramente también una persona espiritual. Se conoce muy bien a sí misma, no tiene puntos ciegos mayores o temas inconscientes. Con lo cual tampoco existen obstáculos para acceder al núcleo espiritual en su interior, el cual es también objeto de su introspección y autocrítica. Esta persona ha conseguido el auto-reconocimiento y es consciente de sí misma, es decir, tiene auto-consciencia, es decir, auto-confianza. Y su propia mismidad es a su vez el portador y la expresión de la espiritualidad. Esta es la forma como la espiritualidad y la existencia espiritual están conectadas con la conciencia.

Nuestra conciencia

Clasificamos nuestra conciencia en:

Conciencia superior
Conciencia de vigilia
Subconsciente

Nuestra conciencia superior

Dispone de sabiduría extrasensorial y aunque muchas personas no creen en la reencarnación –la mayoría de las personas sí creen en ella– es así que nuestra conciencia superior tiene acceso a todas las informaciones de nuestras vidas pasadas, algo que es fácil de comprobar mediante la terapia de hipnosis.

Nuestra conciencia de vigilia

Este estado de conciencia es donde reside nuestro raciocinio, nuestra mente. Nuestra mente hace que enfoquemos nuestra percepción en los sucesos alrededor nuestro. Por eso percibimos sólo de forma limitada lo que pasa en nuestro entorno.

Nuestro subconsciente

Es nuestra herramienta más poderosa. Su tarea es asegurar, en colaboración con nuestros programas, la supervivencia. Una parte de esta tarea es intentar resolver nuestros miedos y problemas y cumplir nuestros deseos.

Para cumplir con esta tarea dispone del súper ordenador más grande del mundo –nuestro cerebro–. Si, utilizando la técnica de hoy, quisiéramos construir un ordenador con el rendimiento del cerebro humano, éste tendría el tamaño de varios campos de futbol y su consumo de electricidad subiría a miles de millones.

Y este súper ordenador está cien por cien a disposición de nuestro subconsciente, aparejado con esta base de datos inmensa. Cualquier percepción, incluso aquellas que absorbemos sólo inconscientemente, es almacenada y está a disposición en la base de datos. Imagínese que está dando un paseo por la zona peatonal de una ciudad. Conscientemente percibirá únicamente lo que su mente deja entrar. Pero, todas las demás informaciones que le llegan a través de sus órganos sensoriales son distintas a las que percibe conscientemente. La mujer que cruza su camino, con su perfume que Usted no puede percibir conscientemente; la forma de andar del hombre que pasa por su lado; la letra que capta casualmente porque alguien a su lado está anotando algo. Todo esto lo percibimos y almacenamos inconscientemente.

Es una acumulación incontable de datos. ¡Y esto no sólo afecta la vida actual! También en nuestras otras vidas guardamos informaciones de este tipo. Se encuentran en lo que se llama nuestro cuerpo causal que es uno de los siete cuerpos que conforman al ser humano y que se compenetran unos con otros.

¡Esta avalancha de datos es incalculable!

Y nuestro subconsciente lo tiene todo a su disposición. Utilizando estos datos, el subconsciente es capaz de redactar "obras de teatro". Para estar siempre preparado para cualquier eventualidad y situación, nuestro subconsciente simula constantemente posibles escenarios con los datos actuales. Esto nos ayuda a sobrevivir. Por otra parte produce también situaciones peculiares en el mundo esotérico.

Hay personas que intentan ser un médium y "reciben" supuestos mensajes. Como les falta conocimiento, los toman por mensajes verdaderos de seres espirituales o de extraterrestres y no entienden que su propio subconsciente ha producido una obra de teatro para cumplir sus deseos. Muy a menudo, estas personas son unos fracasados en su vida real, sin conseguir nada realmente, y así desarrollan el deseo de ser alguien especial. El subconsciente les cumple este deseo y les convierte en "elegidos", en mensajeros de las fuerzas superiores. En algunos casos, estas obras de teatro se han convertido en verdaderos movimientos, como, por ejemplo, el de "Kryon". Allí, la gran multitud de seguidores y de personas que utilizan el método demuestra lo difícil que es muchas veces descubrir la actuación del subconsciente.

¿Qué es la transcendencia?

Una palabra utilizada casi tan a menudo como la palabra conciencia es la transcendencia. Los que se consideran espirituales o esotéricos, o los que lo son, emplean esta palabra bastante. Y realmente suena impresionante, pero ¿qué significa?

Transcender algo significa espiritualizarlo, es decir, convertirlo en algo más elevado, más sutil y espiritualmente más fino. Cualquier manera de transcender es, por lo tanto, una expresión y al mismo tiempo una creación de espiritualidad. Todos deberíamos tomarnos a nosotros mismos como objeto y sujeto central de la transcendencia.

En latín, transcendere significa: ir más allá de algo, atravesar, superar o elevar. Conforme a sus raíces latinas, el significado general de transcender sería por lo tanto, llevar algo a una forma más elevada y espiritual o también, desplazarse uno mismo a estas esferas, estos mundos o estados de consciencia. Todo lo que escapa de la percepción normal y sensorial es transcendente. Por eso, los ángeles son seres transcendentales. Dios es para muchos un ser superior transcendental que reside lejos de aquí en los cielos o por lo menos fuera de los seres humanos. Opino que las religiones que propagan este tipo de imagen de Dios no demuestran gran competencia espiritual y deberían dejar de preciarse como tales. Vivir de forma espiritual y dar ejemplo espiritual a los demás precisa de la propia espiritualidad, algo que los titulares de cargos religiosos no necesariamente siempre poseen.

La resurrección del Cristo en Jesús a través del acto del bautismo en el río Jordán es el acontecimiento clásico de la transcendencia. Quien entra en contacto verdadero con los ángeles, está en contacto con realidades transcendentales.

Este contacto produce inevitablemente la transcendencia de la propia personalidad. La incorporación de los ángeles representa el único método que asegura un contacto real con estos seres (este método fue transmitido por los esenios y esta forma de comunicarse con los ángeles se vuelve a enseñar desde el 1988).

Cualquier experiencia de unión, sea a través de una meditación, del sueño o en esta realidad física, es una vivencia transcendental. Experimentar la unión universal con todo lo que existe representa su forma más elevada.

Igualmente, la espiritualidad y la transcendencia forman también parte de la vida normal. Se puede, por ejemplo, transcender la psiquis, como demuestra la psicología analítica de Carl Gustav Jung. Si una persona resuelve un problema del alma a través de su fe en Dios mediante prácticas espirituales o mediante la psicoterapia espiritual y si luego es capaz de vivir este tema de una forma más constructiva y más espiritual, entonces habrá trascendido su problema.

Transcender las cosas representa siempre una forma de espiritualización no intelectual y es, por tanto, siempre un acto espiritual. Este tipo de acto expresa y al mismo tiempo crea espiritualidad.

Espiritualidad e individuación

El ser humano recorre un proceso evolutivo de tres fases que consiste en la fase de la individuación del yo, la fase del devenir de su propia mismidad y la fase de alcanzar la unión con todo. Partiendo de esta trisección, la espiritualidad empieza a partir de la fase del devenir de la propia mismidad.

Basándose en un concepto evolutivo humano fundamental, la espiritualidad y vivir espiritualmente se pueden entender y especificar de la siguiente manera. En general y simplificando algo la realidad, podemos diferenciar tres fases evolutivas y conceptos o filosofías de vida. Carl Jung creó los conceptos del devenir del yo y del devenir del sí mismo. También existen otros nombres para ello, puesto que la base de esta clasificación es el principio evolutivo fundamental del ser humano que muchos sabios y maestros espirituales enseñaban ya mucho antes de Jung. También podríamos hablar de descenso y ascenso, de involución y evolución, de envolvimiento y desarrollo o de encarnación y espiritualización. La espiritualidad sucede siempre a partir del segundo término, aunque sí hay conexiones importantes con la fase previa del devenir del yo, que son imprescindibles para desarrollar la propia espiritualidad. Vivir espiritualmente tampoco significa meditar incansablemente o devorar constantemente libros religiosos o esotéricos. Más adelante volveré a este tema.

Durante la fase del devenir del yo, el ser humano crea la identidad del yo y de su personalidad. En esta fase, la espiritualidad generalmente no suele jugar un papel importante. La persona adopta roles sociales y descubre sus características e intereses individuales que la diferencian de los demás. Desarrolla ideas claras de la vida y de sí misma.

Igualmente, el ser humano en la fase del devenir del yo no sólo descubre sus deseos individuales o sus necesidades e intereses físicos y emocionales, sino que también intenta realizarlos activamente en su vida. Igual que los héroes de los cuentos salen al mundo para conquistar "lo suyo". El ser humano del yo busca, encuentra y realiza su sitio en la vida y en la sociedad, con más o menos éxito. Si le sale bien o no, no es importante par nuestra reflexión. Lo decisivo es la orientación personal que no es espiritual, sino enfocada en el yo. Esta fase del yo no es necesariamente egoísta o agresiva. También el deseo de ejercer, por ejemplo, el papel de madre o padre de familia forma parte de esta fase del devenir del yo.

Imagínese como ejemplo un hombre de 35 años. A la pregunta de quién es, podría dar la siguiente respuesta: "Soy comerciante y padre de familia. He elegido la misma profesión que mi padre y eso nos une mucho. Mi profesión me da la posibilidad de vender mercancías y esto es lo que quiero. Crecí en una familia pobre y ahora disfruto, junto con mi mujer y mis hijos, de una vida no de lujo, pero sin tener que preocuparme a nivel material. Después de mi divorcio reconocí que una actitud errónea frente al dinero puede destruir el amor. El papel de padre lo acepté con reservas, pero cada vez con más alegría. La religión y el esoterismo no me dicen mucho. Creo que sirven sólo para las personas que no logran manejar su vida. Cada uno es artífice de su fortuna. Mi debilidad por los viajes y los animales salvajes la vivo a través de un safari anual en África que suelo hacer sin la familia."

Este hombre sabe quien es. Ha encontrado su rol en la sociedad y se han cumplido unos cuantos de sus deseos del yo. Es decir, su devenir del yo se ha realizado. Hasta este momento, la espiritualidad o temas parecidos no le interesaban. Él mismo no se describiría como una persona espiritual.

Después de la fase del devenir del yo viene la fase del devenir del sí mismo que trae la espiritualidad a la vida y conlleva una orientación más espiritual. Con el tiempo y en el proceso de hacerse más mayor, los valores habituales como la carrera profesional, el dinero, una vida sexual satisfactoria, una familia armoniosa, la aceptación del círculo de amigos etc. pierden importancia para nuestro hombre. Entonces comenzará una búsqueda inquieta y pensativa por algo diferente, por un sentido de vida más elevado, por algo que va más allá de la vida normal y habitual. Cuestionará la vida que ha vivido hasta ahora y sus intereses cambiarán a favor de temas espirituales, esotéricos, religiosos, filosóficos o tal vez también psicológicos.

A raíz de la muerte de su padre y de la fase depresiva posterior, la vida de nuestro hombre ejemplo podría cambiar de la siguiente manera. Ya no adquiere conocimientos convencionales como antes, cuando era un comercial intelectual. Ahora lee a veces libros sobre filosofía, esoterismo o espiritualidad. Sin tener una predisposición religiosa o espiritual se pregunta ahora si Dios existe y cómo es. ¿Cuándo podemos llamar una religión espiritual, qué hace que sea espiritual y cómo le ha influenciado el cristianismo? ¿Cuál era la influencia psicológica de sus padres en él? ¿Todo esto era destino? ¿Existe la reencarnación? A sus amigos ahora los ve pocas veces y también abandona en gran parte sus aficiones. Sigue viajando, pero ahora sobre todo para comprender otras culturas y sus filosofías de vida. ¿Qué formas de amor –kármico, espiritual etc.– existen y cuál de ellos le vincula con su mujer y sus hijos? ¿Hay vida después de la muerte? ¿Dónde estaba su padre ahora? Todas estas preguntas y temas le ocupan ahora y todos desembocan en el desarrollo espiritual. Ahora empieza a desear llevar una vida espiritual.

La relación entre el devenir del yo y el devenir del sí mismo

En el sentido estricto, el devenir del yo y del sí mismo con el cual se da el desarrollo espiritual, suceden continuamente al mismo tiempo. Aunque el devenir del yo justamente no está orientado en la espiritualidad, no obstante representa una condición previa importante, por decirlo así, el trampolín, para el devenir del sí mismo y de su espiritualidad.

Ambas fases explicadas arriba no suceden, por supuesto, separadas y una tras otra. Ambas están actuando constantemente al mismo tiempo. La cuestión es simplemente, dónde está el mayor enfoque. La mayoría de las personas están durante toda la vida ocupadas con la fase del yo. No son pocos los que experimentan lo que se llama la crisis de los cuarenta como una oportunidad y un desafío explícito de emprender el devenir del sí mismo y de aceptar la espiritualidad, o por lo menos algunos rasgos espirituales. Sin embargo, pocas veces aprovechamos realmente esta oportunidad de convertirnos en una persona espiritual.

La condición previa para la espiritualidad y el devenir del sí mismo es que anteriormente se haya dado el devenir del yo. Allí no existe ningún atajo y sobre todo muchos esotéricos huyen del mundo en lugar de enfrentarse a sus temas, problemas y deseos suprimidos del propio yo. El psicoanálisis y otros métodos parecidos a él, cuyo objetivo es la toma de conciencia de partes inconscientes de la propia personalidad, trabajan el devenir del yo.

Desarrollar el propio yo es útil, natural y bueno. Únicamente aquél que se haya convertido dignamente en un ser humano verdadero y que haya apurado este cáliz hasta las heces, puede desarrollar un sí mismo auténtico y una espiritualidad verdadera. Que muchos además de estar ocupados con este cáliz quieren otro más, es otro problema. Sin embargo, únicamente Saulo puede convertirse en San Pablo. Únicamente una crisálida terminada puede transformarse en una mariposa. Únicamente aquél que tiene un yo, dispone de algo que puede convertirse en el sí mismo, y únicamente el yo estable puede ser herramienta del sí mismo. Quien quiera vivir y ser espiritual, debería preguntarse si ya ha alcanzado el estado del yo.

El camino del yo
hacia el sí mismo

La espiritualidad es y provoca la apertura del yo hacia el sí mismo y hace que el yo acepte las cualidades de él. Una persona espiritual en este sentido cede su yo al sí mismo, para que se convierta en la expresión, el servidor y el mensajero del sí mismo. Sin embargo, el yo con su forma de percibir y su personalidad siempre se conserva como estructura fundamental de la persona.

El yo durante la fase de convertirse en el sí mismo ya no se identifica con los roles, los deseos del yo o los egocentrismos adquiridos y vividos. En esta fase, el yo se retira de la vida habitual, de la vida más o menos física-material y de la vida arraigada en las emociones sin abandonar el suelo de la realidad. Los intereses espirituales ganan más importancia, comparado con la vida cotidiana profana. La persona se dedica cada vez más a la espiritualidad. Se vuelve más o menos espiritual en cuanto a su comportamiento y su actitud ante la vida. No sólo empieza a pensar de forma espiritual, esto es fácil, sino también consigue vivir una vida espiritual. Empieza a interesarse por el prójimo y a preocuparse por él. El proceso auténtico del devenir del sí mismo no es ninguna huida del yo, sino una decisión madura que muy a menudo sucede únicamente a causa de la coacción del destino.

El sí mismo es una especie de yo superior. Al contrario del yo, representa el todo. El sí mismo mira la vida desde un punto de vista más íntegro. El sí mismo es el núcleo espiritual en cada ser humano. Algunos también lo definen como el alma. La relación entre alma y Dios es como la relación entre el rayo del sol y el sol. El alma es una pequeña chispa divina individual, el punto de referencia personal hacia

Dios y la espiritualidad. El alma, el sí mismo, comprende las diferentes vidas como juegos de rol y está consciente de todas ellas al mismo tiempo, puesto que son multidimensionales. No está fijado hipnóticamente en una única vida. El sí mismo conduce el yo "a casa", es aquella autoridad en nuestro interior que está, por así decirlo, profesionalmente orientada en la espiritualidad y que representa la espiritualidad en todas sus facetas individuales. El sentido del desarrollo espiritual es reconocer que somos una parte de Dios y que queremos volver hacia ÉL, es decir, que debemos evolucionar para regresar.

Primero, el yo entra en contacto con el sí mismo, después empieza a identificarse con él y finalmente se vuelven uno. Igualmente, el yo no es absorbido por completo, tampoco en las fases más avanzadas. Intentar esto, algo que las religiones orientales y también los círculos esotéricos hacen a veces, demuestra en mi opinión una espiritualidad equivocada. Mientras la persona esté viva, el yo es imprescindible, pues garantiza la supervivencia en nuestro mundo material. A medida que la espiritualidad va creciendo, el yo se vuelve cada vez más mensajero, servidor y ejecutivo del sí mismo, pero a pesar de ello mantiene su propia individualidad. Es como la luz del sol, filtrada por un prisma o una lupa, que se dispersa o concentra en varios colores o varias direcciones. Imagínese un círculo oscuro dentro de un círculo más grande y más claro. El círculo más pequeño del yo se expande cada vez más y se acerca al tamaño del círculo del sí mismo. Incluso si los dos acabaran siendo idénticos, algo que sucede muy raras veces, la línea del contorno de la esfera del yo, es decir, la estructura del yo como tal se mantendría hasta la muerte.

Convertirse en uno con todo

Después de cambiar del yo al sí mismo, el ser humano empieza con otro desarrollo más. Todos sus procesos de aprendizaje le empujan hacia la unión con todo lo que existe. Ahora, el hombre debe comprender que todo es uno, es una parte de Dios. Si todas las personas somos partes de Dios, todos juntos representamos la diversidad de Dios. Es decir, cada persona es una expresión única de un aspecto de Dios, inconfundible e inimitable. Incluso si los científicos un día lograsen producir clones humanos, estos recibirían su propio alma de Dios, con lo cual poseerían igualmente su propia individualidad.

En el curso del desarrollo hacia la unión con todo nos veremos una y otra vez enfrentados con oportunidades que nos quieren enseñar el amor universal hacia todo y la confianza absoluta en Dios. Ambas cosas son imprescindibles para llegar a estar uno con todo. Y esto representa el último paso necesario hacia la perfección.

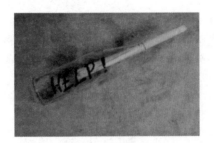

Ser feliz

Como partes de Dios o, por decirlo de otra manera, hijos de Dios, los humanos tenemos el derecho de ser felices. Es nuestro derecho divino. Dios como nuestro Padre celestial quiere expresamente, como cualquier padre bueno, que seamos felices. Únicamente nosotros mismos nos ponemos obstáculos en nuestro propio camino. La mayoría de las personas no se consideran dignas de ser felices. Muchas veces ya en la infancia nos programaron de esta manera. Afirmaciones de parte de los padres, hermanos, maestros u otras personas de referencia han contribuido a ello. "Eres tonto. Tú nunca vas a conseguir nada. Esto no te corresponde." Afirmaciones como estas o parecidas se graban muy profundamente en nuestra psiquis y nos dejan claro ya en la infancia: ¡Nunca vamos a poder ser felices! No tenemos el derecho de serlo. Sin embargo, es absolutamente equivocado. Podemos y debemos ser felices. Y tenemos el derecho a todo lo que favorece esta felicidad. De ello forma también parte la seguridad material y todo lo que nos quita las preocupaciones. Esto vale especialmente también para las relaciones de pareja. Encontrar el compañero adecuado en nuestra vida laboral y nuestra vida privada es un privilegio natural. Por desgracia, la búsqueda muchas veces fracasa. Tanto en la vida laboral como en la vida privada encontramos los compañeros equivocados. Incluso la relación con nuestros hijos, padres o abuelos a menudo es bastante difícil.

Las personas felices han tomado las riendas de su vida. Creen que ellos mismos pueden determinar su felicidad. También son conscientes de que ellos mismos son responsables de sus desgracias. No buscan el culpable para hacerle responsable de ellas.

Estas personas crean en su vida un equilibrio entre tensión y relajación, entre trabajo y ocio, lo cual afecta también ciertas formas de convivencia en la familia. Intentan mantener el equilibrio entre lo que tienen y lo que quieren, entre sus posibilidades y ambiciones.

Las personas felices son creativas, flexibles y tienen curiosidad por las cosas. Participan activamente en la vida y se abren frente a situaciones y encuentros con otras personas sin tener prejuicios. Lo mismo vale para las experiencias nuevas. Son personas sensibles, espontáneas y productivas. La sensibilidad para las personas y situaciones es el resultado de las vivencias realizadas, de las cuales se ha aprendido. La espontaneidad no es una característica que uno tiene o no. También es algo que se puede aprender. Me acuerdo de un amigo mío con el cual viví hace casi 30 años la siguiente situación:

"Escucha, Jürgen, me apetece hacer algo muy espontáneo. ¿Qué te parece si cogemos el coche y nos permitimos una escapada a Colonia?" "Oh, que buena idea. ¡Pues llámame la semana que viene!"

Nada de espontaneidad. Ni el más mínimo matiz de ella se podía encontrar en él. Sólo más tarde descubrí que tenía otro concepto totalmente distinto al mío sobre lo que era espontáneo. Quedar para la semana que viene era para él muy espontáneo, puesto que solía planificar las cosas como mínimo dos meses por anticipado. Hoy, casi 30 años más tarde, la cosa es muy distinta. Si hoy sucediera la misma situación, probablemente subiría él antes que yo al coche. Él estaría contento de poder escaparse por un momento de su vida cotidiana.

La productividad es pura cuestión de pareceres. Lo que para el uno representa un éxito suficiente, incita al otro para más y le estimula con mayor razón.

Al principio de mi carrera profesional trabajaba como entrenador de coaching para grandes empresas. Durante este tiempo pude observar muy bien cómo se comportan las personas de éxito. El uno acaba de rematar un negocio y le es suficiente para gozar de su éxito. En cambio, el otro se alegra sobre el éxito, pero a la vez intenta superarlo, lanzándose directamente a la siguiente situación, para salir de nuevo ganando. Al fin y al cabo, cada uno debe decidir por sí mismo lo que es suficiente para él. Lo que sí está claro es que es preferible no relajarse cuando uno no está bien apoyado económicamente. También he podido comprobar que las personas felices han encontrado un sentido a la vida, por ejemplo a través de la religión o de la espiritualidad. No están enfocadas en su propia felicidad, sino viven su vida aceptando y disfrutando de los placeres con alegría y lo toman como algo natural. Les gusta compartir su felicidad con los demás, y muchas veces no solamente con las personas cercanas. Las experiencias positivas frecuentes forman parte de su vida. Lo que allí realmente sorprende no es la intensidad, sino la frecuencia. Estas personas se sienten bien en los muchos momentos pequeños de la vida y los disfrutan en lugar de esperar el "gran" momento de felicidad.

La razón para ello es que las personas felices suelen ser muy realistas a la hora de valorar sus objetivos y posibilidades. O bajan el listón o intensifican sus esfuerzos. Tienen objetivos que quieren lograr y unen sus intereses, deseos y objetivos de vida tanto a corto como a largo plazo.

Las personas felices no se guardan las cosas para otro momento. Son sibaritas y dependen del momento, pero al mismo tiempo están bien ancladas en el aquí y ahora. Su familia y sus amigos apoyan el crecimiento de sus relaciones sociales. Además, las personas felices creen que los demás les quieren y aprecian, incluso si eso no siempre corresponde a la verdad. Un prejuicio positivo de este tipo, por supuesto, irradia hacia fuera. Pues entonces tratamos a los demás de una manera positiva, lo cual crea una resonancia en el comportamiento del otro. Las buenas relaciones sociales naturalmente producen experiencias positivas como el amor y la confianza, y además aumentan la autoestima. Y esto a su vez refuerza la sensación de felicidad.

Tanto en sus actividades laborales como en las privadas, las personas felices sienten emociones muy semejantes a la felicidad. Este tipo de emociones se crean cuando estamos trabajando, cuando nos dedicamos a los hobbys, cuando estamos con otras personas, hablando, escuchando música etc., es decir, en general en todas las actividades que no exigen demasiado, ni demasiado poco de nosotros. En cambio, no se producen cuando estamos descansando o viendo la televisión.

¿Qué efecto tiene la felicidad en nosotros? ¿Cambiamos si experimentamos repetidamente momentos felices o si estamos generalmente contentos con nuestra vida? ¿O es así que la felicidad produce ociosidad, estupor o pasividad? Los investigadores de la felicidad intentaron encontrar una respuesta a estas preguntas. Es obvio que las causas y los efectos no siempre se pueden separar unos de los otros, pero la respuesta es que a veces hay algo que influencia nuestras experiencias de felicidad. Entonces la felicidad o se conserva igual o aumenta. Lo que sucede menos frecuentemente es que nuestra felicidad disminuye, puesto que las personas felices son optimistas y positivas, con lo cual se toman las cosas con otra actitud, es decir, se las toman menos a pecho. En cambio, la felicidad nos trae muchas ventajas.

La felicidad favorece la salud psíquica y física. La felicidad fomenta las capacidades cognitivas, la flexibilidad y la creatividad.

Entre las capacidades cognitivas del ser humano figuran, por ejemplo, la atención, la memoria, la capacidad de aprender, la creatividad, la capacidad de hacer planes, la orientación, la imaginación, la argumentación, la autoobservación, la voluntad, la fe y unas cuantas cosas más.

La felicidad facilita el aprendizaje.

La felicidad promueve la moralidad y el éxito profesional.

La felicidad lleva a comportamientos y formas de pensar satisfactorios, como por ejemplo la manera de ver, pensar y atribuir las cosas de forma positiva. La atribución es un concepto de la psicología que se refiere tanto a la atribución de causas y efectos de los actos y sucesos como a las consecuencias para la vivencia y el comportamiento de las personas. De esta forma, la capacidad de experimentar la felicidad aumenta.

La felicidad establece una relación más activa con la vida, algo que es especialmente importante cuando las personas se hacen mayores.

La felicidad promueve una concienciación elevada y una sensibilidad y apertura hacia la realidad.

La felicidad fomenta la orientación abierta y social hacia las demás personas.

La felicidad tiene un efecto integrante en la personalidad entera de la persona y apoya su identidad.

¿Es posible incrementar la experiencia de felicidad, aumentar la frecuencia o también la intensidad de la felicidad? Existen acontecimientos que sí pueden hacerlo.

Pero también la actitud personal o técnicas espirituales como la meditación pueden contribuir al aumento. La llamada psicología positiva se ha propuesto como objetivo el análisis de la "buena vida". Los temas típicos son: la gratitud, el perdón, las buenas obras, el pensamiento positivo y el optimismo, la risa, la ecuanimidad, la seguridad, la atención y la meditación, la religiosidad y la espiritualidad, el sentido y los objetivos, la confianza y la solidaridad.

También es bueno dar importancia a aquellos ámbitos que han sido una fuente de felicidad para mí: las relaciones con otras personas, especialmente con mis parejas y amigos, un buen trabajo y las actividades de ocio favorables.

Los elementos más importante para ser feliz son nuestras relaciones de pareja.

Caminos hacia una relación
de pareja buena y feliz

Hay miles de libros y consejos de expertos, un hecho transmite la sensación que es imposible describir de una manera sencilla los factores que diferencian las relaciones felices de las infelices. Sin embargo, los resultados de investigación de los expertos en relaciones hablan a menudo de cinco ámbitos que una relación de pareja debería tener en cuenta. Si uno de estos ámbitos está más débil, la relación será de una u otra manera vulnerable, en caso de que haya varios campos debilitados, los conflictos y crisis son más probables.

Estos cinco temas son:
Conocerse – saber quién es el otro.
Estar conectado – estar atento al otro, dedicarse al otro.
Respetarse – tomar al otro como es.
Establecer un equilibrio – ser justo, tener igualdad, compartir el poder, ser un equipo.
Manejar los problemas – resolver los problemas solucionables, buscar conjuntamente vías para los problemas que no tienen solución.

La buen noticia es: no hacen falta esfuerzos increíbles para organizar estos ámbitos de forma positiva en una relación. No es necesario inscribirse en seminarios para parejas o saltar diariamente límites desagradables. Si una relación de pareja ha empezado bien es posible mantenerla así, teniendo respeto y atención, tanto hacia la relación como hacia la pareja.

Igualmente, esto no siempre es fácil en la vida cotidiana, cuando el otro o uno mismo está estresado o cuando aparecen preocupaciones y apuros. Entonces es bueno estar preparado. Existen técnicas útiles, por ejemplo, para comunicarse de forma adecuada o para mantener la conexión entre los dos. Al fin y al cabo se trata de ser también un buen amigo para el otro. Si se logra eso, la relación tiene buenas posibilidades de superar no sólo los momentos buenos, sino también los malos.

Esto es válido para todos los tipos de relaciones de pareja, independientemente si son laborales o privadas.

La sexualidad es una de nuestras necesidades básicas más primarias. En general, la estimulación sexual es agradable. Eso, por desgracia, no significa que el sexo nunca pueda volverse aburrido. Cuando el sexo es una experiencia placentera, el enfoque no está únicamente en la experiencia física, sino también en aquello que sucede en la conciencia de las personas implicadas.

Por lo visto, una sexualidad duradera, satisfactoria y feliz tiene varias dimensiones distintas:

1ª dimensión: Erotismo

A través del erotismo podemos intentar perfeccionar los aspectos físicos de la sexualidad. El reto puede ser que convirtamos la actividad sexual en una experiencia más variada, más interesante y más provocadora. Con esta intención se crearon ya muy temprano libros de enseñanza (por ejemplo, el Kamasutra) que quieren ayudarnos a perfeccionar esta parte de la sexualidad.

2ª dimensión: Romanticismo

Una dimensión más avanzada de la sexualidad empieza cuando los aspectos psicológicos se juntan con los físicos. El cortejo, el intercambio de emociones y de promesas, el empleo de rituales de seducción amplían los desafíos y no sólo vuelven el sexo muy agradable, sino que aportan mucho placer y mucha alegría.

Existe una gran variedad de posibles rituales y prácticas que unen la parte física con la parte espiritual. Un ejemplo de ello es el Tantra, el arte de amar de la antigua India que hoy en día se conoce también en nuestra cultura de Occidente. Aunque, tal como se ofrece en los seminarios de Occidente, el Tantra a menudo representa tan sólo un pretexto para tener sexo de una manera oculta.

Igualmente, unos rituales sencillos ya pueden aportar mucho a la felicidad en común. Si es realmente cierto que los hombres tienen más dificultades con el romanticismo que las mujeres, eso todavía está por ver.

3ª dimensión: Afecto

Aún más retos que proporcionan la felicidad en común se producen cuando los implicados sienten, a parte del erotismo y del romanticismo, también afecto por el otro. Entonces se trata de reconocerle a él o a ella en su singularidad y de entender y ayudar a cumplir los objetivos de la otra persona.

Los hombres y el romanticismo

No es que los hombres no puedan ser románticos. Sólo que no siempre entienden la gran importancia que el romanticismo tiene para las mujeres. Los libros que compramos indican claramente lo que nos interesa. Las mujeres gastan cada año millones en novelas de amor. Las revistas para las mujeres están enfocadas hacia temas de amor, de romanticismo y sobre los asuntos de los demás, además de dar consejos sobre qué deporte hay que hacer, sobre cómo hay que alimentarse y vestirse para traer todavía más romanticismo a la propia vida. Un informe australiano ha dado como resultado que las mujeres que leen novelas de amor tienen el doble de sexo que las que no las leen. En cambio, los hombres gastan millones en libros y revistas que les aportan todo tipo de conocimientos técnicos que tienen que ver con facultades espaciales-visuales, empezando con los ordenadores y aparatos técnicos hasta las actividades de caza como la pesca, la caza y el futbol. No extraña que la mayoría de los hombres, cuando se trata del romanticismo, no tienen ni idea de qué tienen que hacer. El hombre moderno no dispone de ningún modelo a imitar correspondiente en el cual podría orientarse. Tampoco su padre no sabía qué hacer, puesto que este tema nunca fue importante en su vida. En uno de mis seminarios, una mujer contó que ella había pedido a su marido que le mostrara más su afecto hacia ella. El resultado fue que el marido le lavó y pulió el coche. Esto demuestra claramente que "hacer algo" para ellos representa una muestra de afecto. Este mismo hombre le regaló a su mujer para el cumpleaños un gato para el coche y en su décimo día de la boda unas entradas en primera fila para un evento de lucha.

¡No se olvide nunca que las mujeres son románticas! Ellas aman el vino, las flores, el chocolate y las pequeñas cosas que les demuestran que son amadas. Demuestre a su mujer que usted también se acuerda de estas cosas… hablando de vez en cuando sobre ellas. Cada día se escriben y envían millones de mensajes SMS. Igualmente, casi exclusivamente en las parejas recién enamoradas, los hombres también envían mensajes de amor.

Aunque la mayoría de los hombres europeos y especialmente los hombres alemanes gozan de una buena fama en cuanto al romanticismo, la mayoría de los terrícolas masculinos no tiene ni idea de qué es el romanticismo. Anteriormente, las generaciones de hombres estaban demasiado ocupados con sostener a sus familias y a sí mismos como para romperse la cabeza con estas finezas. Además, el cerebro masculino está programado para la técnica, no para la estética. No es que el hombre no lo intente, él simplemente no entiende la importancia que tiene para la mujer cuando él le abre la puerta, le regala flores, baila con ella, cocina para ella o coloca un nuevo rollo en el portarollos del baño. Una mujer que empieza una nueva relación espera romanticismo y amor. Para ella, el sexo es sólo la consecuencia de ello. En el caso de los hombres, una relación empieza a menudo con el sexo y sólo después deciden si podría convertirse en una relación o no.

Algunos consejos segurísimos sobre el romanticismo para los hombres

Para las mujeres, el amor y el romanticismo no representan ningún problema, en cambio, la mayoría de los hombres andan en este sentido completamente a tientas y por eso simplemente se preparan para estar en todo momento y en cualquier lugar dispuestos para el amor. Las capacidades románticas (o la carencia de ellas) del hombre juegan un papel fundamental para la mujer y deciden si quiere tener sexo con él o no. A continuación voy a especificar seis tácticas fiables y probadas que han dado los mejores resultados, tanto hoy en día como hace ya 5000 años, puesto que se dirigen a nuestros programas arcaicos.

1. Preste atención al entorno

Si tenemos en cuenta cuán sensible la mujer responde a su entorno y que ella absorbe cualquier estímulo externo con sus órganos sensoriales, tiene sentido que el hombre preste atención al entorno donde quiere encontrarse con una mujer. La hormona sexual femenina, el estrógeno hace que la mujer reaccione muy sensiblemente al tipo de iluminación: la luz tenue dilata las pupilas, algo que tiene un efecto atrayente en ambos sexos. Además hace que las irregularidades y arrugas de la piel llamen menos la atención. Los nervios auditivos de la mujer son más sensibles que los del hombre, por eso la música adecuada es muy importante. También es preferible estar en una "cueva" limpia y segura, en lugar de una a la que niños u otras personas tienen acceso en cualquier momento. Generalmente, las mujeres prefieren tener sexo en un espacio cerrado. De ahí se explica la fantasía secreta de muchas mujeres de tener sexo en un lugar público.

2. ¿Ir a comer o cocinar?

Si tenemos en cuenta el pasado del hombre como cazador, podríamos pensar que los hombres se acordarían de despertar los instintos femeninos innatos, proveyendo alimentación para ella. Esta es la razón por la cual es tan importante para una mujer, incluso si no tiene hambre, cuando él la lleva a comer. Para ella, su ofrecimiento de alimentarla significa que ella le importa y que su bienestar y supervivencia son importantes para él. Preparar una comida para una mujer despierta ciertas emociones primarias que todavía hay ancladas en nosotros, tanto en la mujer como en el hombre.

3. ¿Velas o fuego de chimenea?
Durante miles de años, los hombres recogían y encendían la leña para las mujeres y esto sigue despertando, todavía hoy en día, el lado romántico de la mujer. Incluso si el fuego es sólo un fuego en una chimenea de gas que la mujer hubiera podido encender fácilmente, es importante que lo haga él, para evocar un cierto ambiente romántico. Lo importante en todo esto no es el fuego en sí, sino el hecho de que él se ocupe de sus necesidades.

4. Regálele flores
Muchos hombres no entienden el efecto contundente que un ramo fresco de flores tiene en una mujer. El hombre piensa: ¿Por qué gastar tanto dinero para algo que dentro de poco estará marchito y tirado a la basura?" Un hombre, con su pensamiento lógico, aún puede encontrar sentido en regalarle una flor en una maceta, puesto que con un poco de cuidado y atención la planta durará más tiempo. En cambio, la mujer lo ve muy distinto. Ella quiere un ramo de flores frescas. Tras unos días, las flores estarán marchitas y terminarán en el compost, pues así él tendrá la oportunidad de comprarle un nuevo ramo y de hacer vibrar de nuevo la cuerda romántica en ella, porque se está ocupando de nuevo de sus necesidades.

5. Llévela a bailar

En realidad no es que los hombres no quieran bailar, sino que la mayoría de ellos, en su hemisferio derecho del cerebro, no disponen de una zona específica para el baile y para captar el ritmo. En cualquier clase de aerobic se puede observar cómo los participantes masculinos, si es que hay algunos, se esfuerzan para no perder el ritmo. Un hombre que aprende los pasos básicos del Rock and Roll y del vals en un curso de baile puede estar seguro de tener éxito con las mujeres en cualquier fiesta. El baile se ha llamado también la forma vertical del deseo y esto es exactamente su origen: el baile es un ritual que se ha formado para darles a los hombres y mujeres la oportunidad de tener contacto físico, el cual es al mismo tiempo la fase previa para otros rituales de cortejo, igual cómo sucede con algunas especies del mundo animal.

6. Cómprele chocolate y champán

Esta combinación se asocia desde hace mucho tiempo con el romanticismo, aunque probablemente muy pocos conocen el porqué. El champán contiene una sustancia química que no hay en ninguna otra bebida alcohólica y que eleva el nivel de la testosterona. El chocolate contiene feniletilamina, una sustancia que estimula el centro del amor en el cerebro de la mujer. Hace poco, se descubrieron tres nuevas sustancias químicas, los N-aciletanolaminas, que se acoplan en los receptores cannabinoides en el cerebro de la mujer y que liberan unas sensaciones comparables a las de la marihuana. Estas sustancias químicas se encuentran en el chocolate negro y en el cacao, pero no en el chocolate blanco o el café.

El diálogo

Estudios sobre parejas en los Estados Unidos han mostrado que ambas partes hablan de forma seria unos 5 minutos de media al día. ¡Esto no es mucho y para conocerse verdaderamente es demasiado poco! Para una relación de pareja feliz hace falta dedicar tiempo al diálogo, y eso durante las épocas "normales", es decir, antes de que la cosa está que arde.

Esta es la versión breve de las reglas fundamentales del diálogo:

Concertar una cita para hablar, como mínimo una vez a la semana, preferiblemente regularmente y siempre el mismo día, con una fecha adicional ya fijada por si sucede algo imprevisto y la cita se tiene que aplazar.

Duración: 90 minutos, no menos, pero tampoco más.

Se debe asegurar un ambiente tranquilo sin interrupciones (por ejemplo, descolgar el teléfono y apagar los móviles).

Cada uno habla sobre lo que le mueve: cómo se ve a sí mismo, cómo ve al otro, cómo ve la relación de pareja y su propia vida.

Hablar y escuchar deberían estar repartido de forma equilibrada.

Si se da la situación, guardar silencio o permitir que el otro no diga nada.

Cada uno debe permanecer consigo mismo: no preguntar, no dar consejos. Cada uno habla sobre sí mismo.

No están permitidas las preguntas penetrantes, presionar al otro, "intentos de colonización" o forzar al otro a confesar algo.

El objetivo es hacerse comprensible el uno para el otro. Una de las cosas más difíciles en esto es permanecer con uno mismo y hablar únicamente sobre sí mismo.

Reglas para hablar

1. Hable abiertamente
Diga lo que le mueve. Evite los reproches y explique simplemente con qué se encuentra mal.
2. Utilice el "yo"
De esta manera permanecerá con sus propios sentimientos. Las frases de tú suelen contener ataques y producen contraataques.
3. Hable de situaciones concretas
De esta forma, su pareja entenderá mejor lo que quiere decir. Si utiliza generalizaciones como el "nunca" o el "siempre", el otro probablemente se acordará enseguida de ejemplos contrarios.
4. Hable sobre comportamientos concretos
De esta manera evita declarar al otro de forma generalizada como aburrido o incapaz. Pues en este caso, el otro se verá obligado a defenderse como persona y no querrá cambiar. En cambio, sobre comportamientos concretos atenderá a razones.
5. Manténgase en el tema
Sacar de nuevo los problemas viejos sólo produce nuevas discusiones y dificulta la solución de los conflictos presentes.

Reglas para escuchar

1. Señale que está escuchando

Vuélvase hacia el otro y mantenga el contacto visual. También puede señalar que está siguiendo atentamente, asintiendo con la cabeza. Otra posibilidad son frases que demuestran interés como por ejemplo: "Me gustaría saber más sobre esto".

2. Haga resúmenes

Repita con sus propias palabras lo que el otro acaba de decir. De esta forma, el otro se da cuenta si todo le ha llegado correctamente y puede rectificar malentendidos.

3. Pregunte de forma abierta

El otro debe poder contestar tal como él quiere. No es bueno si ya de entrada necesita defenderse contra suposiciones del tipo "¿Era por tu inseguridad?"

4. Coméntelo positivamente cuando la manera de hablar del otro es buena

Si el otro observa las reglas puede mencionarlo tranquilamente, diciendo por ejemplo: "Me alegra mucho que lo hayas dicho tan abiertamente."

5. Dígale qué sensación le producen sus palabras

Si no está de acuerdo con comentarios del otro, descríbale cómo se siente al escucharlo. Podría decir: "Me sorprende que lo veas así." No diga: "Esto es completamente falso". Se puede, por supuesto, también expresar consentimiento.

Relacionado con el tema de la felicidad está siempre también el tema de la atención. Estar atento significa, observar los sucesos internos y externos con atención indivisa pero relajada, para captar "la imagen entera". La atención se basa en las siguientes cuatro condiciones previas:

La conciencia superior: No nos perdemos en una actividad, sino estamos conscientes de que estamos haciendo algo concreto.

No distraerse: Nuestra percepción no está disminuida por las cavilaciones, las preocupaciones sobre el futuro, las emociones u otros disturbios.

Neutralidad: No juzgamos o evaluamos lo que percibimos, incluso si nos parece que ya lo conocemos y que nos gustaría recurrir a prejuicios o experiencias realizadas. Simplemente registramos los sucesos, sin mezclarlos con pensamientos o emociones.

Cambio de perspectiva: Somos conscientes de que nuestro punto de vista puede ser erróneo, limitado o coartante, puesto que las cosas se pueden mirar desde distintas perspectivas.

La atención es más que la concentración: concentrarse significa enfocar en un pensamiento u objeto; necesitamos la concentración, por ejemplo, para resolver problemas aritméticos. En cambio, la atención se precisa para las tareas nuevas o creativas, es decir, cuando no podemos basarnos en lo conocido.

No estamos atentos cuando atendemos varias cosas al mismo tiempo o cuando trabajamos de forma automatizada, cuando estamos controlados por los hábitos o cuando obtenemos nuestras soluciones de fuentes ajenas. En este caso, la posibilidad de cambiar algo se queda de lado. "Siempre cuando creemos que conocemos algo, ya no estamos presentes. Y cuando hubiera sido importante estar presente, sufrimos después de las consecuencias." (Ellen Langner, psicólogo social)

La atención es también el tema central del budismo Zen que nació en la China del siglo VI. Zen significa vivir el momento sin juzgarlo, tranquilizar el espíritu, actuar de forma concentrada, no querer lograr nada y ser completamente independiente.

¿Qué podemos hacer para aprender a estar atentos?

"La atención se consigue mejor si evitamos ya de antemano estar desatentos. Para evitar la desatención, debemos tomar consciencia de que cualquier información depende de su contexto. Con lo cual, cuando percibimos algo, deberíamos ser conscientes de que nuestras percepciones nunca representan hechos absolutos. Se trata siempre tan sólo de una percepción subjetiva nuestra. Para mantenernos atentos debemos cultivar un respeto sano hacia la inseguridad. Para estar atentos con algo debemos estar activos y buscar conscientemente las diferencias, algo que no hacemos cuando pensamos que ya conocemos una persona o una cosa "al dedillo". En cambio, la expectativa de encontrarnos con algo nuevo nos mantiene alertas y atentos."

Las relaciones de amistad

Tener amigos que comparten nuestra vida es una fuente de felicidad muy importante. Hay muchas formas de amistades, por ejemplo, las personas con las cuales compartimos una afición en común o las que están en nuestra lista de amigos de Facebook. Y luego están aquellas personas a las que podemos llamar en cualquier momento cuando necesitamos a alguien que esté por nosotros.

¿Qué es lo que caracteriza una buena amistad?

Los buenos amigos tienen una relación equilibrada uno con el otro;

pueden hablar de todo abiertamente;

tienen mucha confianza con el otro;

pueden contar con el otro;

tienen una relación de compromiso mutuo;

pueden estar muchos años sin verse y el día que se reencuentran parece que no hubiese pasado un solo día;

no persiguen ningún objetivo concreto a través de la amistad, puesto que la amistad en sí es lo que les une.

En una buena relación de amistad, igual que en una buena relación de pareja, nos sentimos aceptados con todos nuestros puntos fuertes y débiles. Podemos ser lo que somos y como somos.

La amistad tiene otra finalidad que la relación de pareja, por eso no es tan fácil sustituir el uno por el otro. Especialmente los hombres corren peligro de reducir los contactos amistosos por la pareja, para luego encontrarse delante de un gran vacío cuando la relación de pareja se rompe.

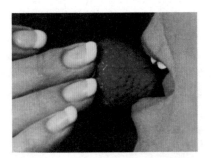

– El amor emocional –
la búsqueda y relación
de pareja normal

El amor emocional es la forma del amor típica y más habitual. Tiene rasgos positivos y negativos. La relación de pareja y la búsqueda de pareja del amor emocional se basan en la proyección.

El amor emocional está caracterizado por los sentimientos y las emociones. El enamoramiento, el entusiasmo y el anhelo por el otro, pero también las emociones negativas como los celos, la venganza y el miedo caracterizan estas relaciones de pareja. Desde el punto de vista psicológico, el amor emocional se basa en la proyección, es decir, amamos características que tenemos dentro de nosotros, pero reprimidas. Además, estos lados de la personalidad tienen una carga emocional positiva que puede cambiar hacia lo negativo. Cuando estamos buscando pareja y buscamos un tipo de persona concreto, estamos en realidad buscando una parte de nosotros mismos. Esto puede sonar extraño, pero es un principio básico de la búsqueda de pareja y de las relaciones de pareja. Si encontramos la pareja correspondiente y nos enamoramos de ella, amamos en realidad una parte de nosotros mismos, pero exteriorizado en la persona de la pareja.

El amor emocional, al contrario del amor espiritual, es muy selectivo e implica muchas condiciones previas psíquicas y físicas, como por ejemplo el esquema del tipo "rubio con ojos azules" o "encantador y comprensivo". Las variedades de las relaciones de pareja y de la búsqueda de pareja, caracterizadas por las emociones, son múltiples, y todos tienen en común características que no encajarían con la espiritualidad y con las relaciones de pareja espirituales.

La búsqueda de pareja espiritual

La búsqueda de pareja espiritual tiene éxito si creamos las condiciones previas interiores y exteriores para ella. Es especialmente importante que la pareja espiritual que buscamos esté ya presente en nuestro interior. A través de una imagen mental muy exacta deberíamos proyectar la pareja de la forma más detallada posible. Muchas veces nos ayuda saber exactamente lo que ya no queremos.

¿Cómo se puede encontrar la pareja espiritual adecuada? De la misma manera como las otras parejas, preparándose interiormente y dando una oportunidad al destino.

Prepararse interiormente significa, tener claridad sobre los motivos por los cuales estamos buscando este tipo de relación de pareja. ¿Cuáles son las necesidades o razones bajas o elevadas que motivan esta búsqueda de pareja espiritual? ¿Por qué no queremos una relación normal, por qué debe ser una relación de pareja espiritual o una pareja espiritual? ¿Creemos que podemos encontrarla y si es que no, por qué no? Si estamos interiormente abiertos y preparados existen la atracción y resonancia necesarias. En cambio, si esto no es el caso y si buscamos únicamente con nuestra voluntad y de forma forzada, la búsqueda de pareja no tendrá éxito. Sin esta condición previa, aunque su búsqueda de pareja sea muy intensa y creativa, la relación de pareja espiritual no se dará y la pareja espiritual no aparecerá en su vida. Por lo menos no aparecerá la persona que hará posible una relación duradera y que dará por terminada la búsqueda por la relación espiritual.

La espiritualidad es en primer lugar una cuestión del interior, por eso la búsqueda de pareja espiritual debería empezar allí. En cierta manera, la pareja espiritual debe estar presente en nuestro interior para que pueda aparecer en el exterior. Esto significa que las mujeres deben conocer su hombre interior, el llamado ánimus, y los hombres su mujer interior, la ánima, puesto que la pareja exterior refleja en gran parte la pareja interior. Esto vale, por cierto, también para los compañeros de alma, las almas duales y las almas gemelas (vea el capítulo siguiente).

Para crear la disposición interior para una relación de pareja espiritual se pueden hacer varias cosas. Por ejemplo tendría sentido una consulta astrológica sobre una carta astral de pareja o también una carta astral del año. ¿Por qué una carta astral del año y para qué puede servir? La carta astral de un año comprueba la cualidad del tiempo e indica para qué proyectos sería oportuna. Adicionalmente podemos ocuparnos de la interpretación de los sueños. La interpretación de los sueños sería una idea excelente, puesto que nuestros sueños dicen mucho sobre nuestra vida anímica y nuestra disposición interior acerca de todos los temas importantes, incluyendo las relaciones de pareja y la búsqueda de pareja. Por último, si bien no menos importante, podemos intentar establecer un contacto directo con nuestra alma superior y pedirle ayuda. La disposición interior es el factor decisivo para la búsqueda de pareja espiritual. Si este campo está bien preparado, la pareja espiritual no está lejos. Este principio básico vale en general para cualquier búsqueda de pareja: desde el deseo sencillo y sin ningún motivo espiritual de encontrar una pareja simpática, fiel y cumplidora hasta la búsqueda de pareja espiritual por el compañero del alma o incluso el alma dual o gemela.

El segundo factor que es igual de importante para la búsqueda de pareja espiritual es: darle una oportunidad al destino. Esto significa, por un lado no aislarse de los demás y por otro lado reconocer y percibir los señales de la vida. Lo último mencionado es, dependiendo de la definición, más bien una cuestión de apertura que de espiritualidad. ¿Por qué hay que estar abierto? Porque una parte esencial de la búsqueda de pareja verdadera es prestar atención a cualquier símbolo y señal. Para aquellos que consideran toda la vida en sí una expresión y un mensaje de Dios sería una cuestión espiritual y una expresión de la existencia espiritual estar siempre y en todas partes abierto para cualquier cosa y cualquier persona. Este tipo de concepto y esta definición de lo que es ser espiritual o de la espiritualidad tendría en mi opinión mucho sentido en general y ayudaría mucho, también más allá del tema de la búsqueda de pareja espiritual y el tema de las relaciones de pareja.

En cuanto a la actividad propia para hacer posible nuevos contactos quiero añadir un consejo práctico: Cuando se trata de la espiritualidad y de encontrar una pareja adecuada en este sentido sería obviamente más oportuno frecuentar lugares predestinados para este fin. En un bar de borrachos o en un concierto de Rammstein hay pocas posibilidades de encontrar una pareja espiritual adecuada (a no ser que haya recibido una señal). La búsqueda de pareja espiritual tiene sin duda más sentido en otros lugares. Es preferible ir a eventos sobre espiritualidad, esoterismo o temas parecidos. Allí encontrará personas con los mismos intereses y entrar en contacto resulta más fácil. Sobre todo los hombres tienen buenas posibilidades, ya que el porcentaje de hombres es bajo en este tipo de eventos. Igualmente, no es ninguna garantía de que allí encontrará su compañero de alma o incluso su alma dual o gemela, es simplemente un buen consejo.

Compañeros de alma, almas
duales y almas gemelas. ¿Qué es?

Es algo característico entre los compañeros de alma que son almas que forman parte de la misma familia de almas, con una afinidad entre ellas y que han pasado muchas vidas juntas. Las almas duales y gemelas representan una caso especialmente intenso entre los compañeros de alma. A continuación quiero explicarlo más detalladamente.

Hay siempre cuatro almas que forman una unidad de almas. Dos de ellas son iguales, es decir, almas gemelas, y de allí se puede deducir automáticamente que las otras dos almas son completamente opuestas.

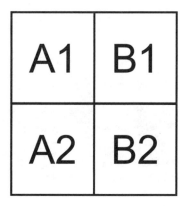

A1 y A2 son almas gemelas, es decir, son absolutamente iguales. B1 y B2 son también almas gemelas, es decir, también absolutamente iguales.

Las almas A y las almas B son almas duales, o sea, absolutamente opuestas. Las cuatro almas juntas representan una unidad de almas. Aquí también existe un orden de rangos. Llamamos a esta unidad la de primer orden.

Cada una de las almas pertenece a otras dos unidades de almas. Llamamos a éstas familias de almas. A partir de allí se dan las almas duales y gemelas que están en una relación de segundo, tercer, cuarto etc. orden con nuestra alma. Al fin y al cabo, todas juntas forman una sola red de almas, siendo todas almas duales o gemelas de nuestra alma.

La búsqueda de pareja espiritual es una cosa, pero para algunos no es suficiente, pues no sólo quieren encontrar una pareja espiritual, sino su compañero de alma o aún mejor su alma dual o gemela. Esta necesidad exigente de encontrar el alma dual o por lo menos un compañero de alma en realidad no sorprende en las personas espirituales. Suponemos que los compañeros de alma y las almas duales o gemelas no sólo tienen la disposición espiritual deseada, sino que encajan en general especialmente bien con nosotros. Este pensamiento parece lógico, pero ¿realmente encajan tan perfectamente las almas duales y las almas gemelas?

Imagínese que está viviendo con una pareja que es totalmente opuesta a Ud. Aquí estamos hablando de un alma dual de primer orden. Ud. quiere ir al cine, el otro al teatro. A Ud. le gusta la carne, el otro es vegetariano. A Ud. le gusta la música rock, al otro la música clásica. Y aunque existe una atracción muy fuerte entre los dos, esta relación representa la forma de convivencia más difícil. En este tipo de relaciones, las parejas a menudo no son capaces de vivir juntos, pero tampoco sin el otro. En el mejor de los casos viven separados o se separan temporalmente.

O imagínese la vida con su alma gemela. Todo es igual. Ud. coge el azúcar, el otro también. Ud. quiere ir al cine, el otro también. A primera vista parece la armonía pura, pero este tipo de convivencia en realidad pronto se vuelve muy aburrida.

Igualmente, tampoco hay que tener miedo. ¡Hay esperanza, también para las relaciones de pareja!

Cuanto más lejos está el alma en cuestión de su unidad de almas, más se suavizan estos efectos. Es decir, con un alma dual de décimo orden, por ejemplo, puede esperar más armonía y una mejor relación de pareja. Lo mismo vale para las almas gemelas.

Vamos a hablar sobre los compañeros de alma. Con estas personas nos une una afinidad de almas. En realidad no se trata de una unión entre las almas, sino más bien de personas con las que armonizamos muy bien.

Imagínese una familia compuesta digamos por unas cien almas. Como miembro de su familia de almas siempre encontrará algunos de los miembros de su familia que ocuparán papeles importantes, como, por ejemplo, en las relaciones entre padres e hijos, las amistades y enemistades y también en las relaciones de pareja. En caso de una relación de pareja con un amigo de alma de nuestra familia de almas hablamos del compañero de alma. Con el compañero de alma nos unen muchas vidas anteriores, entre ellas también vidas donde éramos pareja. A raíz de la afinidad de almas y de las muchas vidas juntas existe la sensación de familiaridad racionalmente no explicable que es típica entre los compañeros de alma. Esto significa que planificamos constantemente nuevas vidas junto con las alma cercanas a nosotros. ¿Quién estaría mejor indicado que estas almas, para proporcionarnos nuestros aprendizajes, incluso los aprendizajes desagradables que no parecen tener solución? Especialmente los aprendizajes, en los cuales el otro nos hace sufrir, solemos planificarlos con estas almas. Me puedo imaginar muy bien que uno puede estar constantemente impelido a una especie de búsqueda de pareja espiritual inconsciente para encontrar la pareja ideal, el alma dual o gemela. Estas almas, las almas duales o gemelas, pueden, por lo menos teóricamente, representar la pareja ideal y podrían dar por terminado la búsqueda por la pareja. Sin embargo, durante esta búsqueda más bien inconsciente solemos encontrarnos con compañeros de alma que cumplen en la mayoría de los casos con la imagen del compañero ideal tan sólo parcialmente.

Compañeros de alma, almas duales y almas gemelas. ¿Existe una posibilidad real de encontrarlas?

Los compañeros de alma se encuentran más a menudo. La idea del alma dual y del alma gemela es básicamente correcta, aunque el alma dual/gemela encarnada es en realidad algo relativo. El concepto de las almas duales o gemelas es en verdad más complicado y no está limitado a la vida humana del aquí y ahora.

A lo largo de las muchas vidas que todos cursamos, nos encontramos a menudo con compañeros de alma. Si existe un acuerdo entre almas donde todos los implicados ya desde el principio se han puesto de acuerdo para proporcionarse mutuamente los aprendizajes necesarios, entonces ¿por qué contactar con otras almas no conocidas? Además, los compañeros de alma disponen, a raíz de la afinidad en común, de una base en común de temas e intereses que facilitan la identificación mutua, algo que es necesario para cualquier relación de pareja. Por esa razón no hay ninguna atracción mutua entre almas ajenas, con lo cual, aunque la búsqueda de pareja sea muy intensa, no se producirá ningún encuentro. Es decir, los compañeros de alma son algo muy especial, aunque no se suelen reconocer como tales. Es muy probable que los compañeros de alma nos producen las experiencias desagradables que producen las almas duales o gemelas de primer orden. Las "experiencias necesarias" mencionadas arriba, por supuesto incluyen también las experiencias desagradables que son en el fondo aquellas que nos ayudan en nuestro desarrollo.

Los compañeros de alma y también las almas duales y gemelas tienen normalmente el objetivo superior de fomentar el desarrollo mutuo. ¡Cumplir las necesidades humanas y limitadas del "yo" y de lo que el yo encuentra agradable no ocupa el primer plano!

Todo esto representa más bien el lado teórico, pues este tema es en realidad mucho más complicado. Igualmente espero haber podido aclarar lo siguiente: las almas humanas duales y gemelas son, igual que los compañeros de alma y todo lo demás en la vida humana, un asunto relativo. Al fin y al cabo, cualquier pareja relevante y sobre todo los compañeros de alma, representan una parte del alma dual y gemela. Por otro lado supongo que el 98 % de las personas que creen haber encontrado su alma dual o gemela de primer orden están equivocadas. Las emociones intensas y la conexión a veces trascendental que sienten se pueden explicar por las muchas vidas intensas que los compañeros de alma, pero también personas que no lo son, han vivido juntos. Las personas espirituales, a raíz de su espiritualidad vivida y la intensa búsqueda de una pareja espiritual, interpretan esta intensidad como señal de que se trata un alma dual o gemela. Otro factor importante de esta evaluación equivocada es seguramente el deseo de encontrar la unión perfecta y la salvación a través de estas almas.

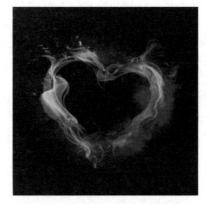

Las almas duales
y las almas gemelas.
Peligros y el amor "duro"

La búsqueda de pareja espiritual motivada por encontrar el alma dual o gemela eventualmente puede ser una huida exactamente ante aquellos desafíos de una relación de pareja que favorecen el desarrollo espiritual. La fijación en el alma dual, que probablemente no aparecerá nunca, como única posible relación de pareja espiritual excluye las otras parejas de alma adecuadas.

Una búsqueda de pareja espiritual con el concepto de las almas duales o gemelas en mente conlleva sus peligros. Muchos de los buscadores con este concepto se fijan en una imagen ideal ilusoria del cielo en la tierra en pareja. Entonces, cualquier problema de pareja y todas las debilidades propias habrían desaparecido y lo único que permanecería sería el amor infinito, puesto que "mi alma dual o gemela me entiende por completo, me acepta tal como soy realmente, con lo cual ya no tendré que fingir algo que no me corresponde." Así o parecidos son los pensamientos basados en deseos inconscientes escondidos en algún lugar de la psique. Puedo entender muy bien este anhelo profundo espiritual, pero es sencillamente poco realista que se cumpla. Además, este anhelo ignora el sentido verdadero de la vida y de las relaciones de pareja: crecimiento, desarrollo y el ser uno mismo.

En realidad, esta actitud (la pareja debe ser un alma dual o gemela) es más bien el resultado del deseo propio que de la espiritualidad y madurez necesaria para tener una relación de pareja verdadera, buena y espiritual. ¡Es así como las almas duales y gemelas y también los compañeros de alma pueden darnos lecciones duras, duras porque nos ayudan a evolucionar! Si buscamos nuestra alma dual o gemela o nuestra pareja con una actitud que huye de la realidad, sucederá muy probablemente exactamente aquello que queremos evitar, si es que encontramos realmente el alma dual o gemela de primer orden y si no la confundimos con un compañero de alma.

Pues, el sentido del desarrollo espiritual y de las relaciones de pareja no es encontrar la propia alma dual o gemela para que ésta llene nuestros vacíos y para formar juntos la unión anhelada. Este concepto de "las dos medias naranjas que forman un todo" más bien consolida la idea de estar incompleto o de no ser del todo uno mismo. Esta forma de pensar fomenta la proyección de los propios deseos en la pareja, mientras el sentido superior de cualquier relación de pareja es superar justamente estas proyecciones. La vida y el desarrollo espiritual quieren que cada uno se convierta por sí mismo en un todo, sea con o sin ayuda de una pareja. Para ello, la pareja espiritual puede ser cualquier persona. Además, la fijación en un compañero de alma en forma de un alma perfecta contiene otro peligro más. De esta manera excluimos otras personas que podrían encajar muy bien como pareja espiritual y que harían posible un desarrollo en común muy importante. Así se desperdician muy buenas oportunidades, únicamente porque la pareja espiritual potencial no corresponde a la imagen ideal equivocada.
Y quien sabe, quizás el alma dual o gemela se encarna de tal manera que no la podemos encontrar en ningún momento. O nos encontramos con ella, pero es del mismo sexo que nosotros, algo que puede representar un gran aprieto. Una búsqueda de pareja espiritual llevado a cabo con sabiduría debería, por lo tanto, no obstinarse en el concepto del alma dual o gemela, sino debería prestar más atención en encontrar un compañero de alma adecuado normal, es decir,

un amigo de alma que comparte como pareja espiritual un trozo de nuestro camino a casa. Este tipo de actitud uniría la espiritualidad con la comprensión.

**Después de haber encontrado
al alma dual o gemela
¿Se ha terminado la búsqueda
de pareja?**

Sea por casualidad o a través de la búsqueda de pareja espiritual consciente, cuando dos almas de la misma unidad de almas realmente se encuentran, existen tres posibilidades, dependiendo del desarrollo espiritual de las personas: O se produce un desarrollo espiritual inmenso o, al contrario, los dos se separan muy pronto.

¿Qué sucede cuando se encuentran realmente dos almas de la misma unidad?

Lo siguiente contiene un aspecto especulativo, puesto que es difícil documentar las experiencias con el alma dual o gemela de forma segura. Además, muchas veces es probable que nos equivoquemos cuando suponemos que hemos encontrado nuestra alma dual o gemela. Yo parto del supuesto de que dos almas de la misma unidad se encuentran muchas menos veces de lo que pensamos. Igualmente es interesante fijarse en las posibles variantes. En principio se trata de las mismas posibilidades que valen para las relaciones de pareja normales con un simple compañero de alma o amigo de alma. Diferencio entre tres variantes:

En el caso ideal ambos vivirían un amor sagrado ardiente, llevarían una relación de pareja verdaderamente espiritual y avanzarían con grandes pasos de desarrollo. Pues, el alma dual o gemela representa simbólicamente mucho más que una pareja espiritual "normal", es decir, la "costilla de Adán" perdida. Con el fundamento de un amor profundo y los aspectos en común armoniosos de la misma unidad de almas existen buenas posibilidades de integrar los puntos iguales u opuestos, es decir, la costilla de Adán, de forma efectiva. Es una oportunidad fantástica.

A pesar de las perspectivas inmensas de este tipo de relación entre estas almas, no pienso que las almas duales o gemelas representen el cien por cien, es decir, la "costilla de Adán" perdida completa.

Otra razón por la cual este tipo de relación es algo relativo es que todo el abanico de los propios puntos inconscientes y la propia necesidad de evolucionar no puede manifestarse en el ámbito de la relación de pareja. Se reparte también a otras personas y otros ámbitos de la vida, donde se trata también de conocerse a sí mismo. Igualmente, el potencial del desarrollo es enorme y si ambas almas lo aprovechan, les pueden crecer alas. El amor que se despierta a partir de allí casi no conoce límites. Entonces, cualquier otra búsqueda de pareja espiritual sobra y se ha terminado. Las almas podrán vivir un amor potenciado que les permitirá grandes pasos en su desarrollo espiritual, el cual tendrá su efecto en el entorno e influenciará también en los demás.

El segundo posible escenario cuando estas dos almas se encuentran es muy distinto: En una relación de pareja que no se vive de forma espiritual, ambas parejas se complementan tan "bien" según el principio de la horma y el zapato que no se produce ningún crecimiento y ninguna ampliación a nivel de consciencia. La espiritualidad y el comportamiento deseado entre dos parejas espirituales no parecen necesarios, puesto que las dos parejas iguales u opuestas se compenetran y se complementan sin la menor dificultad, de forma eficaz y sin los conflictos que fomentan el crecimiento. Lo que uno de los dos sabe hacer o representa, de esto se encarga él, y lo que ninguno de los dos sabe hacer, no interesa a ninguno de los dos. O la semejanza de los dos es tan grande que los dos parecen vivir el cielo en la tierra, el cual finalmente hace que los dos acaben inactivos. Todo esto parece muy ideal, puesto que juntos son imbatibles y se sienten como una unidad, algo que no extraña. ¡Pero, únicamente cuando están juntos! Esta es la debilidad crucial en esta variante de una relación de pareja entre almas duales o gemelas.

Con lo cual, si ambas almas no reconocen la gran oportunidad de crecer personalmente en el sentido de una relación de pareja espiritual verdadera o si renuncian a ello voluntariamente por falta de sufrimiento o por el sentimiento de bienestar general, desperdician un gran regalo. Especialmente en las relaciones entre este tipo de almas, el potencial de crecimiento espiritual es enorme. Aquello que parece ser tan fantástico hacia fuera es en realidad una tragedia en cuanto al desarrollo, por lo menos desde el punto de vista de una espiritualidad que enfocada en el desarrollo personal. Sería comparable a un billete de lotería que ha ganado el primer premio pero que se ha olvidado canjear. Mientras los unos emprenden una búsqueda ferviente pero en vano por la pareja espiritual, los otros dejan de desenterrar el tesoro que ya tienen delante. Pues, quién sabe si esta oportunidad se presentará de nuevo en otra vida.

La tercera variante posible cuando dos almas duales o gemelas se encuentran se refiere también a una relación de pareja no vivida espiritualmente o no vivida con éxito a nivel espiritual, pero en este caso con un resultado distinto a la segunda variante. Aquí las almas no se complementan, sean almas duales o almas gemelas, sino la relación de pareja entre los dos produce conflictos. A raíz de la falta de espiritualidad en la relación, estos conflictos tampoco se resuelven mediante el arte de la discusión constructiva. Las consecuencias serán las mismas que en una relación de pareja normal: habrá una gran explosión y los dos se separan. Igualmente, la oportunidad de volver a encontrarse de nuevo sigue existiendo. Este tipo de experiencia puede despertar la persona e iniciar una búsqueda consciente por una pareja espiritual o puede por lo menos provocar una orientación más hacia la espiritualidad. A menudo vemos que después de un divorcio el segundo matrimonio es más feliz, puesto que ambas parejas enfocan la búsqueda de pareja más conscientemente. Muchas veces, las parejas se juntan cuando son muy jóvenes, cuando no se puede esperar la madurez necesaria en ellos.

También debo llamar la atención sobre otro aspecto. Un alma de la misma unidad de almas no siempre tiene necesariamente el sexo opuesto. Es decir, sería muy posible que un hombre encuentre su alma dual o gemela en la persona de otro hombre. A no ser que los dos sean homosexuales, rechazarán la relación de pareja. La otra opción es que se establezca una amistad muy duradera, algo que puede ser molesto para la relación de pareja existente. Lo mismo vale, por supuesto, también para las mujeres. Otra posibilidad es que nos encontremos con un alma de este tipo y que empecemos con ella otro tipo de relación muy distinta, por ejemplo una relación de negocios muy estrecha. También sería imaginable y bastante habitual que las almas de la unidad de almas de primer orden se encarnan como los propios hijos. Allí se producen las relaciones entre padres e hijos más difíciles. Los padres ya no pueden con sus hijos y éstos hacen lo que quieren, comportándose de forma irrespetuosa y agresiva contra el padre o la madre de la misma unidad de almas. Por otro lado, en caso de dos almas gemelas se puede dar una relación demasiado estrecha o incluso incestuosa.

De una manera u otra son aprendizajes que pertenecen a los más difíciles que hay que superar. Igualmente, cuanto más importante es el aprendizaje, más grande será el logro en la escalera del desarrollo espiritual hacia la perfección. Por eso, esta constelación de almas la eligen muchas veces aquellas almas que descuidaron o incluso rechazaron sus aprendizajes en otras vidas, para así recuperar lo que no aprendieron de una manera muy intensa.

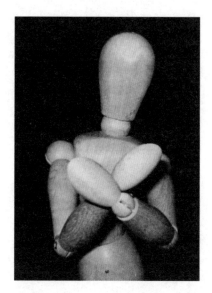

El amor espiritual
con o sin pareja

El amor espiritual es la versión humana y humanamente posible del amor divino. Aspira a la individuación y a la transcendencia del yo. Lo reconocemos en el amor al prójimo, un cierto grado de incondicionalidad y su carácter universal y no selectivo. Este amor puede pero no necesariamente tiene que expresarse en una relación de pareja concreta entre dos parejas espirituales.

El amor al prójimo es una expresión y una parte integrante del amor espiritual. El amor al prójimo verdadero considera cualquier persona su prójimo, es decir, cualquier persona que necesita amor en un momento dado, no sólo la pareja o los familiares. Dicho de otra manera, a través del amor al prójimo, muchas personas se convierten en nuestro posible compañero de una relación de pareja espiritual y no solamente la única pareja (amorosa) espiritual. Lo contrario sería el amor kármico (vea abajo) que está ligado exclusivamente a una persona en concreto.

La condición previa para el amor al prójimo es el amor a sí mismo, pues en la Biblia pone: "Ama a tu prójimo como a ti mismo." Sólo podemos dar lo que tenemos. Con lo cual, una donativo de dinero dado a base de sentimientos de culpabilidad para sentirse aceptado no representa el amor al prójimo. Y como estos o parecidos motivos casi siempre están implicados, el amor al prójimo puro existe en realidad muy escasas veces, aunque no lo parezca.

El amor espiritual alcanza un grado mayor de incondicionalidad. Si nos lo miramos con sinceridad, el amor casi siempre está ligado a ciertas condiciones previas, normalmente para satisfacer nuestras necesidades para lo cual damos el "amor" a cambio. Muchas veces, nuestro amor precisa que la pareja tenga aquellas características que nosotros mismos apreciamos. Sin embargo, el amor espiritual o una relación espiritual no es un negocio, pues la espiritualidad no pone condiciones de este tipo. El amor maternal hacia el bebé podría ser el prototipo del amor incondicional, aunque desde el punto de vista psicológico, incluso la madre muchas veces espera a cambio el amor del niño, y a diferencia de la pareja, puede estar bastante segura del amor del niño. El amor parental suele esperar del hijo "a cambio" la obediencia absoluta. Esta obediencia afecta a todos los ámbitos y hace que los padres quieren dirigir la vida de sus hijos por completo, desde la pregunta de qué ropa puedo ponerme hasta la elección de la formación profesional y las relaciones de pareja. El resultado será o que el hijo en algún momento se rebelará vehementemente contra los padres para defender su propia libertad, o termina siendo una persona completamente dependiente e incapaz de vivir su vida. Aunque, incluso esto puede ser un proceso de aprendizaje previamente planeado que nos ayuda a crecer.

El amor divino dice: "Te he dado el libre albedrío y con ello la libre elección de hacer lo que tú quieres para así reunir tus experiencias. Da igual si salvas a la humanidad o si haces explotar la Tierra, te amo igualmente."
Esta medida divina del amor que en nuestra medida humana equivale al amor espiritual representa la incondicionalidad. La incondicionalidad implica la aceptación fundamental de cualquier cosa que nos llegue, incluso si nos parece negativa o nos afecta mucho, sin reaccionar de forma negativa con ira o castigos. Igualmente, para la espiritualidad o el amor espiritual también existen las cosas desagradables y es perfectamente legítimo tener, por ejem-

plo, una opinión distinta al gobierno o estar en contra de la pena de muerte. Y a pesar de ello, el amor espiritual es capaz de aceptar la realidad de lo desagradable sin salir enojado a la calle o tener que reprimir las emociones. Si reacciona de alguna manera, no responde en el mismo plano a las situaciones penosas o emociones negativas. Quiero dejar muy claro que el amor espiritual no significa que debemos expresar este amor con todas las personas, pues entonces existiría la poligamia como único concepto para las relaciones de pareja. Tampoco significa tener que aguantar y soportarlo todo. Las personas espirituales también tienen el derecho a desahogar sus emociones. Y a lo mejor la otra persona aprende en este momento algo muy importante para ella misma.

El amor espiritual tiene sus raíces en los planos espirituales más elevados, representado simbólicamente por el corazón espiritual, pero también abarca e integra las emociones y el cuerpo físico. Este carácter universal y extenso es típico del amor espiritual y se refiere tanto a la relación con la pareja como a todas las demás personas.

Un maestro espiritual que en ocasiones no es capaz de abrazar a alguien y de expresar de esta manera el amor de forma física y emocional, no es ningún maestro espiritual o gurú, aunque sepa flotar por el aire y domina la telequinesia. Un verdadero maestro espiritual que vive la espiritualidad realmente, no querrá constantemente besuquear a todo el mundo y el sexo no tendrá un papel primordial, sin embargo es capaz de hacerlo y si lo hace, integra al mismo tiempo las energías espirituales, elevando así el cuerpo físico y emocional a otro plano.

El amor espiritual también conoce los aspectos no liberados del cuerpo y de las emociones y los integra. Este tipo de amor universal que incluye todas las necesidades y profundidades humanas es la forma más elevada de la espiritualidad y del amor o de una relación de pareja espiritual. Cuanto más elevada y espiritual sea la persona, más profundamente y más cosas humildes es capaz de amar. Jesús representa este tipo de amor. Él no estaba todo el día sentado en el templo, filosofando con los sacerdotes y la "alta sociedad". Más bien viajaba por el país con sus discípulos que eran gente sencilla de la calle. Él era capaz de enfadarse y de mostrar emociones, por ejemplo cuando los vendedores y cambistas abusaron del templo para sus negocios. Él aceptaba las personas con todas sus debilidades y se acercaba con el corazón abierto a los expulsados de la sociedad. El pasaje del lavatorio, cuando lava los pies a sus discípulos, expresa muy bien este tipo de amor elevado que abarca también la parte baja del ser humano.

Quiero volver de nuevo al tema del amor espiritual.

Aquello que puede suceder en el amor espiritual, para las personas mortales normales, es decir las personas no altamente espirituales, es difícil de creer porque es muy difícil de imaginar. Sin embargo, sucede así, pues lo puedo confirmar por experiencia propia. Cuando dos personas muy espirituales están separadas y el anhelo por el otro es muy grande, se puede dar una experiencia de amor muy hermosa. Ambas almas se separan de sus cuerpos y se encuentran. Entonces se produce una fusión entre las dos almas cuya intensidad no tiene par.

Como esta sensación es difícil de describir, lo intento a través de un ejemplo. Imagínese su orgasmo más bonito o su sensación de felicidad más bonita y multiplique esta sensación maravillosa por cien.

La sensación que transmite esta intensa fusión de almas alcanza ya bastante la sensación de estar cerca de Dios. Sin embargo, la sensación de estar cerca de Dios supera con mucho el de la fusión de almas y siempre viene acompañada de la sensación de una explosión de luz.

La pareja espiritual, el desarrollo espiritual como atributo principal

La característica principal de una pareja espiritual es el interés, activo y consciente, en la espiritualidad y el desarrollo espiritual en común. Aún están presente otros elementos de una pareja normal, como por ejemplo la mutua satisfacción de las necesidades, el amor físico y emocional. Sin embargo éstos han perdido en importancia y son abordados de una manera diferente.

Una persona espiritual, como es de suponer, anhela un compañero igualmente espiritual, o sea una relación de pareja espiritual. Una vez que la espiritualidad pasa a ocupar un lugar permanente en la propia vida, también surge el deseo de experimentarla y expresarla dentro de la pareja. Se trata de una actitud básica hacia la vida y no de un pasatiempos que es necesario, pero que también se puede compartir con personas fuera de la pareja.

¿Cómo es una relación de pareja espiritual, es decir una relación, en la cual la espiritualidad ocupa un rol primordial? Cómo actúan los integrantes de una pareja espiritual?

Los integrantes de una relación espiritual por lo menos han comenzado a dejar atrás, dentro y fuera de la pareja, algunos de los comportamientos y necesidades comunes y corrientes, pero que no impulsan el desarrollo. Su vida ya no gira principalmente alrededor de la carrera, el dinero, el sexo, la buena comida o de ocupar un rol socialmente reconocido. La relación de pareja ya no es un lugar para la mutua satisfacción de las necesidades y la dependencia, con todos los juegos típicos como los celos, la atracción, el poder y el dominio, el dar y el recibir. El amor físico y emocional ha perdido su predominio anterior y su fascinación mágica. En su lugar aparece un amor que es de una naturaleza profunda. Incluso la sexualidad se experimenta en una dimensión completamente nueva. Una relación de pareja espiritual aún contiene todos estos elementos en mayor o menor medida. Pero ellos ocupan un lugar cualitativamente diferente y cuantitativamente menor. Han sido descubiertos, experimentados y han perdido su atractivo. Se anhela algo más de la vida, pues tiene que existir algo más. Lo que se busca es la espiritualidad en general y específicamente en la relación de pareja, y así comienza una verdadera búsqueda espiritual de un/a compañero/a.

Aparece pues el tema de la búsqueda espiritual de un compañero. Lo que se desea es un compañero espiritual, con el cual sea posible una relación de pareja madura, un amor más elevado, donde por lo menos parcialmente esté presente un amor espiritual.

Además se busca que tal relación no sólo haga posible el desarrollo de alma o espíritu, sino que lo incentive con consciencia. El desarrollo espiritual pasa a ser la base en común y el atributo principal de una pareja espiritual. La esperanza de alcanzar un desarrollo espiritual es justificada, pues poca cosa puede lograr más que una relación de pareja espiritual, en la cual ambos integrantes tiran de la misma cuerda.

Existe un parecido con la relación entre un maestro espiritual y su alumno. En la *Autobiografía de un Yogui* de Yogananda se puede leer gráficamente cuánto una relación así puede acelerar el desarrollo. La diferencia con la relación amorosa es que en este último caso ambas partes están en el mismo nivel, es decir, son a la vez maestro y alumno.

Dos personas espirituales en una relación, ¿cómo sería esto concretamente?

¿Cómo se expresa la espiritualidad allí? ¿A través de peregrinajes en común, meditaciones y discusiones sobre temas como ángeles, reencarnación, religión, astrología, etc.? Pienso que todo esto forma parte, sin embargo cada relación de pareja espiritual es diferente y tiene sus propios temas centrales.

Existe el peligro de "elevarse demasiado", es decir que la balanza se incline demasiado hacia los temas espirituales. Precisamente en una relación de pareja espiritual es importante considerarla de manera realista y psicológica y arraigarla en la Tierra.

La Pareja espiritual,
espiritualidad y función de espejo

Una pareja espiritual conoce y tiene en cuenta el fenómeno psicológico de la proyección, que está presente en todas las relaciones. Es decir, qué cualidades y aspectos propios e inconscientes son transferidos a la pareja. El grado de la proyección va desde no ser muy consciente de estar transfiriendo incluso cualidades positivas a la sombra profunda.

Partiendo de la ya mencionada actitud realista y psicológica, la pareja espiritual cumple, como cualquier otra relación, la función de espejarse mutuamente. Es decir que ciertos aspectos inconscientes de la propia personalidad son proyectados (transferidos) a la otra persona y ésta pasa a espejarlos. Típicamente se disparan ciertas emociones cuando percibimos estos aspecto, en realidad propios, en o a través de la otra persona. Este fenómeno es normal e importante, también para las parejas espirituales. No es ningún signo de falta de espiritualidad

Por lo tanto, si Ud. se enoja a causa de ciertas características de su pareja o experimenta otras emociones negativas por esta razón, puede tratarse de un aspecto propio proyectado, no consciente y no experimentado. Puede ser, ¡pero no necesariamente es así! También es posible la proyección positiva. Ciertas habilidades y cualidades que usted admira exageradamente en su pareja o que le causan enamoramiento, posiblemente se encuentran dormidas en usted.

Por otra parte puede pasar que la relación se vaya "al sótano", abriéndose dentro de ambos integrantes de la pareja abismos del alma, que entonces también son proyectados con fuerza e insistencia en el otro. La psicología lo llama la Sombra. Por ejemplo puede ser que aparezcan emociones de odio inconclusos y no experimentados de otra vida, en la cual uno mató al otro.

¿Usted se sorprende ante cosas tan fuertes? Al fin y al cabo, los dos integrantes espirituales de la pareja se juntan en una relación de pareja o incluso se encuentran a través de una búsqueda explícita por una pareja espiritual. Aquí el enfoque principal es el desarrollo mental y espiritual de ambos, y la espiritualidad constituye la base de valores en común. ¿Qué tienen que ver estas cosas "feas" con querer alcanzar, juntos, más conocimientos espirituales y un desarrollo espiritual? Tienen mucho que ver y de ninguna manera son extraños en una relación de pareja o en las personas espirituales.

En primer lugar, casi todo el mundo tiene sus manchas oscuras en el alma, mejor dicho, en la psiquis. "Solo" por vivir una vida enfocada hacia lo espiritual, las personas no quedan liberadas de todas sus dificultades latentes. Estar en el camino correcto a casa y haber llegado allí son dos cosas diferentes. Créame, todos los Santos en otra vida fueron malhechores. Todos nosotros ya hemos vivido muchas vidas y hecho muchas cosas no muy agradables. Tal vez la presente vida sea la primera en la cual nos enfocamos seriamente en la espiritualidad y específicamente en una relación de pareja espiritual. ¿Quien puede saberlo?

Generalmente, los integrantes de una pareja se conocen de varias vidas anteriores en las cuales se han amado y también se han combatido. Muchas veces estas historias anteriores aún no han terminado, incluso si los dos ahora se encuentran como personas espiritualmente maduras que viven su espiritualidad de manera consciente. El desarrollo espiritual y la búsqueda de una pareja no son los únicos factores que unen a dos personas en una relación de pareja espiritual. La atracción y la resonancia también pueden resultar de asuntos aún no resueltos.

Una pareja o una persona espiritual no se caracteriza por no tener debilidades, sino por su disposición a aceptar y a transformar las mismas. Precisamente para esto una relación de pareja espiritual es ideal y no sólo a causa de la espiritualidad de sus integrantes. No, de igual importancia es la consciencia de que ambos se están espejando temas inconscientes no-resueltos. Pues este es el material que debe ser transformado a través de la espiritualidad y el amor. La luz no es creada desde un espacio vacío, sino a través de la transformación de la oscuridad. Comprender y vivir esta es la verdadera y esotérica espiritualidad.

A propósito, el manejo de la proyección y de la sombra es un elemento central de la psicoterapia espiritual según C.G. Jung. Al fin y al cabo, su psicoterapia espiritual forma parte del psicoanálisis, para el cual el trabajo con la sombra es típico.

Espiritualidad y trabajo
con la sombra

La verdadera espiritualidad, dentro y fuera de una relación de pareja, concibe a las sombras que aparecen como una clave necesaria para el desarrollo espiritual en el sentido de la metáfora del árbol alto: Un árbol sólo puede crecer hacia lo alto en la medida en que sus raíces se hunden en la Tierra. Existe una conexión importante entre la sombra profunda y la elevación de la espiritualidad: la aparición de la sombra "abajo" se da de forma análoga y paralela a los pasos hacia "arriba". Si usted metafóricamente está parado ante la puerta del cielo, sólo puede atravesarla si la otra pierna correspondiente ha sido transformada en el infierno. Exactamente esta pierna oscura y enferma está impidiendo el acceso a exactamente este cielo y es la llave que abre el portal. Sólo y exclusivamente con esta pierna podrá atravesar, tras haberla sanado, el portal divino.

Como se suele decir: Quien quiere ir al Cielo, lo alcanzará sin duda, o se ve confrontado con exactamente aquello que obstaculiza su camino. A esta confrontación constante la llamamos Vida, pues inconscientemente todos nosotros queremos ir al Cielo. Los integrantes de una pareja espiritual hacen esto de forma consciente, al priorizar activamente a la espiritualidad. Otros lo hacen de manera inconsciente a través de objetos substitutos, casi dioses substitutos, como el dinero, el sexo, el poder, la gloria, el reconocimiento, etc. El anhelo profundamente velado detrás de todo ello siempre es el amor y la espiritualidad. Es entonces completamente normal y hasta un indicador del desarrollo del alma o la espiritualidad, que una relación de pareja espiritual traiga a la consciencia lados oscuros que requieran ir a lo profundo. Como es arriba, así es abajo, tal como en última instancia todos los opuestos se corresponden.

Como ya lo mencionamos respecto de la espiritualidad, un árbol alto necesita tener raíces profundas. De esto se puede deducir que los integrantes de una pareja espiritual no experimentarán constantemente una relación luminosa y amorosa ni que flotaran siempre en el Séptimo Cielo. La diferencia con otras relaciones es que las luchas y los problemas no se reproducirán una y otra vez, pues se van resolviendo en un nivel más elevado y más profundo.

Y, gracias a ello ambos van creciendo y esto es lo que ca-racteriza una relación de pareja espiritual.

Una pareja espiritual como desafío "paradisíaco"

En el sentido de la proyección y de la función de ser espejos, un/a compañero/a espiritual, tal como cualquier otro, es también la representación metafórica de la Eva bíblica, creada de la costilla de Adán. La pareja espiritual resuelve esta tarea "paradisíaca", pues ambos integrantes aceptan el desafío y se ayudan conscientemente el uno al otro desde la espiritualidad y el amor maduro.

El hecho de aprovechar de manera consciente la función de ser espejos, el hacerse responsable de las proyecciones mutuas y el volverse más uno mismo a través del autoconocimiento son elementos que caracterizan una relación de pareja espiritual.

En la historia bíblica, Eva fue creada de una costilla de Adán mientras éste dormía. Posteriormente, Adán no se dio cuenta de que, a través de Eva, en realidad se hallaba frente a sí mismo. Es en este sentido metafórico, que cada compañero/a, hombre y mujer, simboliza en buena parte nuestra propia costilla inconsciente. Llamo a la posibilidad y al desafío de reconocerse en el otro y así ampliar la autoconciencia, una tarea "paradisíaca". Una persona espiritual asume tal tarea.

Lo que determina una verdadera pareja espiritual y las verdaderos compañeros espirituales es el apoyo mutuo, consciente y amoroso al integrar los lados que faltan, en vez de permanecer en una dependencia mutua. Un/a compañero/a verdaderamente espiritual cuidará de este aspecto. Hasta qué punto esto se hace de manera explícita y a través de medios espirituales, es secundario. Basta con el verdadero amor, que siempre encuentra los caminos apropiados.

Por ejemplo, si la mujer ha perdido su autoestima y la "re-encuentra" en su compañero profesionalmente exitoso, éste no debería aprovechar la situación para su beneficio. La verdadera espiritualidad requiere de él que la ayude a desarrollar su propia autoestima. De esta manera un compañero espiritual ayudará al otro a volverse sano, es decir, entero y completo. Con certeza a esto se refiere el dicho de que las relaciones son sagradas y que todos los ángeles en el Cielo se regocijan ante el pacto que Dios creó entre los sexos.

Compañeros espirituales
y conflictos

Los compañeros espirituales tienen conflictos, pero los atraviesan de una manera que posibilita el crecimiento de ambos.

De la tarea paradisíaca resulta un aspecto que, al igual que la ya mencionada presencia de los lados oscuros en las parejas espirituales, puede provocar sorpresa:

Los conflictos.

Tal vez usted piensa ahora: "Y encima esto. Nada de lo que les pasa a las otras parejas les queda ahorrado a las parejas espirituales". Bueno, está en la naturaleza de las cosas que la reintegración de aspectos inconscientes de la personalidad viene acompañada de conflictos. Estos aspectos no fueron enterrados en el inconsciente porque sí, sino que son rechazados por alguna razón. Una vez proyectados en la pareja, lógicamente también se rechazan allí y esto crea los conflictos. Incluso la proyección positiva de cualidades que se admiran en la pareja contiene un potencial de conflictos en forma de envidia, dependencia y sentimientos de inferioridad.

Lo que diferencia a las parejas espirituales de las demás, una vez más, es cómo se maneja esta realidad.

El hecho de que dos personas espirituales mantengan una relación, no evita la aparición de estos conflictos. Y tampoco es lo que se busca. Porque los conflictos constituyen el primer paso para poder retirar las proyecciones del otro y cumplir con la tarea paradisíaca. El segundo paso y lo decisivo en una pareja espiritual, lo que la diferencia de otras relaciones "comunes", es la manera en que se manejan estos conflictos. Una pareja espiritual reconocerá, aceptará e integrará el tema conflictivo, apoyándose mutua y amorosamente y comprendiendo el significado más elevado. Es exactamente en este punto, donde las personas demuestran que son espirituales. La canción de amor preferida de ambos en la Iglesia en comparación, no constituye un desafío espiritual y no impulsa la espiritualidad.

Los compañeros espirituales no se refugian, temerosos a los conflictos, en la meditación o en la aparente superioridad del pseudo-espiritual "estoy por encima de esto". Es preferible que usted se acerque a su pareja, la mire profundamente a los ojos, tome su mano y exprese con honestidad y compasión qué le está pasando. Sea justo, a pesar de que le sería más fácil ocultar el dolor tras una agresión. Mi propia experiencia y mi trabajo me han llevado a reconocer que la pelea constructiva y la elaboración de soluciones son los elementos más importantes de cualquier relación. No importa si se trata de una relación común o de relaciones que se abanderan explícitamente con la espiritualidad. Exactamente en este punto y exactamente en este momento se produce el crecimiento y el desarrollo espiritual, y nada une más a las personas que poder superar las dificultades en conjunto.

Superar una Crisis Espiritual

Las crisis espirituales son el ejemplo más típico de la combinación de dificultades espirituales y psicológicas. Un buen apoyo en estos casos constituyen las psicoterapias, hipnoterapias y otros métodos de orientación terapéutica que también incluyan ambos aspectos.

Experimentar una crisis espiritual puede implicar, en ciertas circunstancias, perder la fe en Dios o no sentirse merecedor/a de Su amor. Hay personas que sufren golpes del destino que no logran compatibilizar con su fé y a raíz de esto comienzan a renegar de Dios y de su religión tan vehementemente como antes estaban dados a ello. Otras se dedican intensamente a Dios, y a pesar de ello no encuentran consuelo o una mano que las sostenga y comienzan a dudar de sí mismas. Muchas veces aparecen las grandes preguntas sobre el sentido, tales como: "¿Para qué vivo?", "¿Para qué estoy aquí?" o "¿Qué quiere Dios de mi?".

En todos estos casos, la temática y las preguntas espirituales van acompañado de grandes y profundas fluctuaciones a nivel emocional. Las crisis espirituales siempre van de la mano de dificultades a nivel psicológico, como en última instancia sucede con todas las crisis. Toda crisis es un proceso de profunda transformación que aún no ha concluido. Y como cualquier otra crisis, también las espirituales contienen un gran potencial de desarrollo, tanto a nivel psicológico, como espiritual. Por lo tanto es natural recurrir a una forma de ayuda que combine ambos aspectos, como por ejemplo la psicoterapia según Jung u otras formas de asistencia y orientación espiritual.

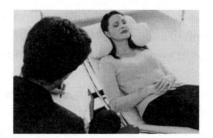

No existe la psicoterapia espiritual

Dada su orientación hacia la psique y el alma, la psicoterapia y la psicología bien podrían incluir la espiritualidad, sin embargo, en los hechos esto casi nunca es el caso. La psicología basada en la ciencia y la racionalidad no dejan lugar para una psicoterapia espiritual.

En el ámbito de la medicina, véase medicina espiritual, medicina psicosomática, podría en teoría existir una oportunidad para que la psicoterapia y la psicología que no pertenece a la medicina, integren la espiritualidad y la utilicen de forma constructiva. La razón para ello es simplemente que la psicoterapia y la psicología no se orientan hacia lo corporal, sino que se ocupan de la unidad de mente y alma. Pero a pesar de ello, lamentablemente, la psicoterapia habitual no es espiritual. De hecho, en realidad está muy lejos de ser una psicoterapia espiritual. Y en la psicología, la espiritualidad igualmente brilla por su ausencia.

Teniendo en cuenta el ya mencionado foco en la unidad de mente y alma, esta ausencia de espiritualidad sorprende un poco. En realidad, la existencia de una psicoterapia espiritual parece ser bastante obvia y debería darse por lo menos en algunas instancias. Por otra parte, la espiritualidad ocupa tan sólo un área parcial dentro del enorme campo mente/alma/psique, precisamente el de menor interés para la psicoterapia y la psicología. Pues la unidad inmaterial mente/alma abarca tres partes: la mente pensante y racional, el alma o la psique con sus sentimientos, emociones y patrones de conducta y, finalmente, la espiritualidad.

En psicología y psicoterapia sin embargo, se le da al alma y a la psique un trato meramente racional, científico e intelectual. Hay psicoterapias, como por ejemplo la psicoterapia del diálogo, que hacen hincapié en utilizar, además de la mente, también la empatía. Desde luego, los sentimientos y la psiquis del terapeuta generalmente juegan un papel en la psicoterapia. Puede suceder que un terapeuta transfiera sus problemas a un cliente y de esta manera lo afecta. Por el lado del cliente, la psicoterapia busca la integración de emociones y mente a través de la comprensión. Estos serían los aspectos más importantes del uso de la unidad mente/alma en la práctica, y allí no hay rastro de espiritualidad.

Se puede decir que tanto terapeutas como pacientes activan la mente y la psique, pero que la espiritualidad queda persistentemente a un lado. No se detectan aspectos espirituales algunos. Parece que la espiritualidad no es necesaria, ni para los medios de la psicoterapia ni para sus objetivos y propósitos. No está a la vista pues una psicoterapia espiritual o un método de sanación espiritual u holístico que incluya el aspecto espiritual. Esta situación refleja, en definitiva, el predominio del cientificismo en nuestra sociedad.

La Psicoterapia Espiritual de Jung como loable excepción

Entre los métodos reconocidos, la psicología o psicoterapia analítica de C.G. Jung es el único que verdaderamente merece llamarse una psicoterapia espiritual.

O sea, los métodos usuales de la psicoterapia carecen de orientación espiritual con una sola excepción, que de manera extraoficial podríamos describir como espiritual. Jung fue uno de los seguidores de Freud y, a diferencia del famoso fundador del psicoanálisis, hizo de la religión y de la espiritualidad el componente central de su psicoterapia. Por lo que la terapia según C.G. Jung fue y sigue siendo una psicoterapia espiritual con raíces psicoanalíticas.

Si bien Jung no era un seguidor de la institución de la iglesia, sí era un simpatizante convencido particularmente de las religiones orientales. Se dio cuenta de la enorme importancia de la religión y de la espiritualidad para la salud y el desarrollo mental y espiritual del ser humano integrándolas de forma coherente. Su horizonte era lo suficientemente amplio como para combinar la religión y la espiritualidad con la psicología. El concepto de la autorrealización, del Self como instancia integral y por lo tanto divina en nosotros, proviene de C.G. Jung.

Para Jung, un trastorno mental es la expresión, entre otras cosas, de la pérdida de un sentido más elevado de la vida y esto puede ser sanado restableciendo la conexión con el Self. Por lo tanto, según la enseñanza de Jung, la enfermedad es siempre también una crisis espiritual o crisis curativa; un trastorno que contiene la oportunidad y el desafío del desarrollo y crecimiento espiritual. A través de su psicoterapia espiritual, él ha logrado algo que en realidad sería tarea del clero, es decir ser para los demás un "pontífice" (constructor de puentes hacia Dios). Su trabajo es un ejemplo claro de lo mucho que la psicoterapia y la espiritualidad están conectadas y pueden cooperar constructivamente.

Aquí quiero señalar también que en la terapia del hipnosis y especialmente en la terapia de regresión a vidas pasadas, los elementos espirituales están muy presentes.

Amor Divino
más que espiritualidad y amor

Dios ama a todos y a cada uno/a por igual, en cualquier circunstancia y sin ninguna condición. El amor divino es una vara de medir poco realista para la sociedad y la espiritualidad de los seres humanos. Desde la perspectiva humana es difícil comprender el amor incondicional e indiscriminado de Dios, pues ser humano significa tener preferencias y concepciones individuales.

El amor divino que se describe a continuación por lo tanto tampoco es una vara de medir para la búsqueda de una relación espiritual o para la espiritualidad en general. Pero debería ser un incentivo para nosotros aspirar a tal perfección de amor y espiritualidad.

El amor divino es como el sol que siempre está irradiando para todos, para el santo y el asesino en la misma medida. Es dador de luz, calor y vida, en todo momento, incluso en la noche o si el cielo está cubierto de nubes. La pregunta es si nosotros percibimos al sol, es decir a Dios. En general nos alejamos inconscientemente, así como la Tierra se aleja del sol durante la noche. O una capa de creencias erróneas y poco espirituales nos cubre la visión, tal como lo hacen las capas de nubes. Pero el sol siempre está y así sucede con el amor divino. Es "solo" que nuestros instrumentos de percepción están empañados, en primer lugar nuestra propia espiritualidad y nuestro propio amor espiritual.

Este amor divino no es una cualidad de Dios, tal como las personas tienen cualidades, sino que es un Estado de Ser permanente. Dios no puede de otra manera, "ÉL" es así. Dios siempre fue y siempre será tanto amor. Este amor es tan grande que necesitó expresarse. Así surgió la Creación, que sigue siendo parte y expresión de su amor.

Todo esto es poco relevante para la práctica de la vida humana, las relaciones y el amor entre dos personas, incluso si éstas se han consagrado a la espiritualidad. A lo sumo, la espiritualidad humana puede proponérselo como un ideal inalcanzable. Al amor divino sólo podemos experimentarlo de manera rudimentaria y podemos intuirlo cuando nosotros mismos nos transformamos en un rayo de sol, como puede suceder idealmente en el amor en una pareja espiritual. Entonces se es Uno con el/la mejor compañero/a posible y una eventual búsqueda de la pareja espiritual ha terminado.

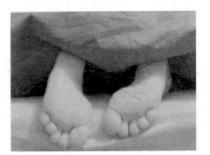

Amor físico,
sexualidad y espiritualidad

El sexo y la espiritualidad no son para nada incompatibles. Las personas espirituales pueden experimentar la sexualidad y la energía espiritual tanto a nivel físico como no-físico, por ejemplo a través de la creatividad mental. En cuanto a la transmutación voluntaria de la energía sexual que aparece en algunas enseñanzas supuestamente espirituales, existe el peligro de la represión de los deseos y necesidades sexuales.

¿Son la sexualidad y la espiritualidad compatibles entre sí? ¿O es que una persona espiritual vive básicamente sin sexualidad y en su lugar trata de transformar la energía sexual para utilizarla en su desarrollo espiritual? En cualquier relación de pareja, el sexo juega un papel importante, ¿cómo es si ambos integrantes de la pareja son espirituales y la espiritualidad entra en escena?

En una pareja espiritual no se busca meramente la satisfacción a través del acto sexual. Por el contrario, se trata de la unión y el intercambio de todas las energías. Se trata de abrirse completamente a la otra persona, no sólo emocionalmente sino también en alma y espíritu. La forma en que la energía sexual aparece entonces, a ojos vistos no necesariamente tiene que ver con la espiritualidad. Gracias a su enorme creatividad, la sexualidad dirigida hacia los canales más elevados, puede generar logros y experiencias extraordinarias. Éstas van de la simple alegría de vivir y el vigor físico, pasando por una gran capacidad mental creativa hasta experiencias trascendentales y de unión con el amor universal. Todo ello según los deseos y pensamientos de las personas, que gracias a la energía divina se van manifestando en la materia. Si esto sucede –y por lo general les sucede a muy pocas personas– tal transformación es una brillante oportunidad para cambiar algo en el mundo propio.

El peligro consiste en desplazar a las necesidades sexuales porque se cree que éstas obstaculizan el desarrollo espiritual. Es exactamente lo que hace el clero con el celibato. La consecuencia es que estos desplazamientos en última instancia, y no sólo en el clero, son canalizados de otra manera, por ejemplo a través de pasiones sexuales equivocadas o enfermedad. Conozco personalmente a muchos clérigos que tienen amantes y familia y sufren por su supuesto "pecado" y otros que cumplen con su celibato, pero sufren de tal manera que lo experimentan como un demonio atormentándolos. En ambos casos he notado muchas veces que se recurre a fuertes psicofármacos.

Cuando las personas espirituales tienen relaciones sexuales, éstas no necesariamente les "tira abajo". Esto sólo sucede si se trata de un sexo meramente genital. En el caso ideal se involucran los sentimientos, el corazón y el amor espiritual. Por lo tanto, la fuerza motriz puramente sexual se convierte en una forma más elevada de expresar el amor. Las necesidades físicas ya no están en el primer plano. En un caso ideal, esto lleva a una fusión de las almas, a una experiencia de unidad. Para una pareja así, las distancias ya no importan. Sus almas se encuentran y su unión se manifiesta incluso en sensaciones emocionales y físicas, que pueden conducir a un orgasmo físico en combinación con la fusión energética de las almas.

¿Qué es el amor kármico?

Amor kármico significa que se han creado fuertes lazos a partir de un abuso de amor físico o emocional en una vida pasada.

Estos lazos en general generan emociones extremas; desde la dicha y la sensación aparente de haber encontrado el alma gemela hasta un odio profundo. El amor-odio es típico para el amor kármico. También podríamos llamar amor kármico a un amor agradable, que fue experimentado a través de muchas vidas y como consecuencia se creó un fuerte lazo con una única alma. En algún momento, el desarrollo espiritual requerirá la elección de otro/a compañero/a o vivir durante un tiempo sin compañero para dedicarse al amor propio. Esto entonces se vuelve difícil.

Amor, relación de pareja e Iglesia

La iglesia cristiana merece la crítica. La idea del pecado, la moral sexual, el hecho de negarles el sacerdocio y el celibato a las mujeres son sólo unas pocas palabras claves. ¿Por qué, por ejemplo, se les impone a los sacerdotes católicos una vida asexual a través del celibato, si desde el principio está claro que muchos de ellos no podrán cumplir con ello? Si ya está claro de antemano que la abstinencia total no constituye un desafío apropiado, que la mayoría –tomando en cuenta además la edad joven de entrada a la Iglesia– se verá completamente abrumada por ello y que sólo sirve para producir sentimientos de culpa. Si de manera bastante inadvertida para el público nacen innumerables niños del clero a quienes la Iglesia mantiene con nuestros impuestos o donaciones. Después de todo, la Iglesia paga la manutención de un máximo de hasta tres hijos por clérigo. Conozco incluso a algunos obispos que defienden públicamente el celibato, pero tienen amantes con hijos a los que visitan regularmente. Tampoco olvidemos que para estos niños significa una carga enorme el no poder decir nunca quién es su padre, porque entonces serían calificados como "pecado".

Aquellos que cumplen formalmente con el celibato, se mutilan internamente o desarrollan trastornos de conducta. Sufren de su soledad. ¿No sería más honesto y piadoso llevar una vida matrimonial moralmente íntegra, incluyendo a la sexualidad espiritual como un ideal, que autocondenarse a la violación del celibato y por lo tanto convertirse en un "pecador"? ¿No sería más prudente y realista ofrecer el celibato como una decisión voluntaria? ¿Qué pensaría de esto Jesucristo? Después de todo, el celibato ha sido introducido exclusivamente por la Iglesia para poder hacerse de las herencias y ahorrar en manutención.

En ninguna parte de la Biblia aparece un fundamento para el celibato. El frecuentemente citado pasaje bíblico donde Jesús dice: "abandonen a sus familias y sigan en pos de mí" es una falsificación. Sólo se añadió cuando se introdujo el celibato. Consideremos que tal pedido habría causado la muerte de las familias, puesto que las mujeres en ese momento no podían ejercer una profesión. ¿Quién mantendría a las familias que hubieran quedado atrás? ¿Jesús habría querido esto? ¡Ciertamente no!

Las iglesias con su interpretación de la religión hace tiempo han dejado de ofrecer a sus miembros la posibilidad de identificarse. La merma en la asistencia y la cantidad de personas que se salen de las iglesias deberían ser un llamado a hacer cambios, pero nada esencial está sucediendo. ¿Por qué existen todas estas creencias y comportamientos en parte incomprensibles y que no hacen justicia a la realidad y a las necesidades de las personas? Sean cuales sean los conceptos de mente estrecha, poder y miedo detrás de esto, la explicación es, en definitiva, bastante simple: las iglesias son una obra del ser humano y no una obra de los santos o ángeles. Y las personas cometen errores, tienen miedos e intereses egoístas. Esta es la realidad que debemos aceptar, sin construir una imagen hostil de la religión y la iglesia. Sin embargo esto no justifica las cosas, pues las personas también pueden reconocer sus errores, quitarse las anteojeras, superar los miedos y abandonar el egoísmo. Lo que es posible y se puede esperar de cualquier persona, también se puede esperar –y no en menor grado– de los representantes de la Iglesia.

Entre estas debilidades humanas se cuenta en particular la interpretación errónea y la alteración de textos religiosos fundamentales como por ejemplo el Nuevo Testamento, sea que esto se hizo de manera deliberada o debido a la falta de una mayor capacidad de comprensión. Lo que los fundadores de la religión, como Jesucristo, comprendieron, predicaron y ejemplificaron a través de sus vidas, sus puntos de vista y sus experiencias más profundas, todo ello fue distorsionado y malinterpretado, reducido o ampliado a voluntad por los sucesores y los líderes del estado eclesiástico en el correr del tiempo. Las muchas guerras y cruzadas por motivos religiosos a lo largo de la Historia evidencian claramente estas interpretaciones erróneas. Incluso hoy en día, las iglesias y los creyentes se comportan en parte así. La proclama de la Yihad, la guerra santa, que no cesa de oírse desde el 11 de setiembre del 2001 y las motivaciones igualmente religiosas del anterior presidente norteamericano Bush, demuestran que la humanidad como colectivo aún no ha aprendido mucho.

Cada iglesia percibe en las enseñanzas originales de su religión sólo lo que se corresponde con su propio presente, las mira a través de sus propios anteojos subjetivos. El dicho, "La belleza está en el ojo del que mira" no sólo es válido para la belleza. También es cierto que el ladrón, incluso frente a un santo, sólo percibirá su monedero. Todo lo que una persona ve y reconoce en el exterior, necesariamente tiene un equivalente interno. Tal visión esotérica de la vida y tal autoconocimiento le harían mucho bien al cristianismo. Emprender el autoconocmiento esotérico con seriedad es recomendable para todo el mundo, al fin y al cabo la palabra esotérica significa traducida: "mirar hacia dentro". Las iglesias y las comunidades religiosas no constituyen ninguna excepción a esto. Si fuera así, tal vez se desarrollaría una iglesia o religión verdaderamente espiritual. La ceguera de las iglesias y comunidades religiosas va más allá de la espiritualidad y afecta a todas las áreas; remediar esto por lo tanto podría llevar a mejoras de gran alcance.

Cambios en las religiones y en las iglesias

Pensando en posibles cambios en la religión y en la iglesia, en primer lugar es preciso comprender y aceptar a esta última como un producto creado colectivamente por todas las personas.

La iglesia o la comunidad religiosa es una asociación espiritual de muchas personas que aspiran a una espiritualidad más elevada, para reunirse en algún momento con el Padre celestial, Dios. Depende del potencial integrador de las iglesias y comunidades religiosas, y de si los desarrollos futuros tendrán lugar dentro o fuera de las mismas.

Pese a todo, creo que sería conveniente adoptar frente a la iglesia exactamente la actitud que a menudo le falta, incluso en sus valores ideales: la aceptación. No la admisión indiferente de sus ideas obsoletas y a veces misántropas acerca del matrimonio, la sexualidad, las mujeres, etc. Me refiero más bien a la aceptación de la iglesia como una realidad que ha sido co-creada por el colectivo humano de sus fieles. Sólo desde este punto de partida es posible realizar cambios de forma constructiva. A propósito, este "principio creativo" es válido para todo en la vida, no sólo para la religión y la espiritualidad.

Así como los líderes de los estados representan a su país y a su pueblo y reflejan el colectivo actual del país, así también sucede con los líderes eclesiásticos respecto de su iglesia y sus creyentes. En este sentido cada país tiene el gobierno que se merece y que se corresponde con su condición actual. En las iglesias sucede lo mismo: el seguidor promedio se corresponde en esencia con la dirección de la iglesia en cada momento. En la esotérica, esto se conoce como la "ley de la analogía". En algún nivel, todos los colectivos crean a sus líderes y a partir de esta creación colectiva son responsables de ellos. Al mismo tiempo, también recae una responsabilidad individual en los líderes. Este principio básico de la analogía rige siempre, no sólo cuando parece evidente como en el caso de las elecciones democráticas.

Las iglesias son de determinada manera por ser un producto co-creado por el colectivo de sus fieles. Para que ellas cambien, el propio colectivo debe cambiar. Y la gama se compone de muchas personas individuales, incluso de usted, ¡así que vaya comenzando!

Muchas personas anhelan cambios, no sólo en la iglesia y en la religión, sino también en la espiritualidad. Esto puede darse de dos maneras, mejor dicho en dos lugares: dentro o fuera de las iglesias, ya que uno puede ejercer la religión sin necesidad de contar con una iglesia. Cualquier persona puede profesar una religión a solas o crear una pequeña comunidad religiosa, por ejemplo en el seno de su familia o con sus amigos, puede ofrecer discusiones sobre la Biblia, etc.

No importa de qué manera seguirá esto, ni qué cambios atravesarán las iglesias, es poco probable que éstas desaparezcan. Las personas como colectivo necesitan a sus iglesias, incluso si éstas hacen un trabajo bastante mediocre. Necesitan una manifestación de lo espiritual o un camino hacia Dios visible, tangible, con el que pueden relacionarse. Necesitan un "socio religioso" grande y establecido, incluso si éste en ocasiones demuestra que le falta capacidad de cooperación. Desde la instauración pública de la Iglesia Cristiana Esenia como la primera iglesia interreligiosa del mundo se evidencia que una asociación religiosa puede ser muy fructífera. Aquí se reúnen creyentes de todas las religiones para conocerse y conocer los puntos de vista de los demás. Esto lleva a una asociación religiosa que favorece el desarrollo espiritual, dado que la tolerancia, la aceptación y el amor incondicional van creciendo.

Las futuras transformaciones globales a nivel religioso y espiritual deberán tener en cuenta a las iglesias ya existentes. Si fuera posible, las iglesias deberían ser integradas. Cuanto éstas más se resistan al cambio, tanto más estos procesos tendrán lugar fuera de ellas. Pero me parece razonable ofrecerles la mano a estas iglesias como instituciones, así como a sus creyentes, para aprovechar en la medida de lo posible su potencial de cambio, para lograr una asociación que nos permita a todos un desarrollo espiritual sin límites.

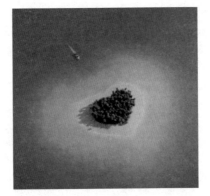

Ejercicio con la pareja

A continuación describo un ejercicio muy simple. Pero como sucede muchas veces, lo simple es al mismo tiempo lo más eficaz. Este ejercicio no sólo es adecuado para parejas que viven o quieren vivir en una relación matrimonial o similar. También es de gran ayuda para las relaciones entre padres e hijos, entre hermanos, hasta entre socios profesionales. No tenga reparos en poner en práctica este ejercicio también con personas del mismo sexo.

Ejercicio del Amor

Tomen asiento uno al lado del otro, con las caras frente a frente. Lo mejor es usar dos sillas cómodas. Colóquelas de modo que tenga a su pareja a su derecha. Toque la mano derecha de su compañero de ejercicio. Dejen reposar sueltamente las manos así unidas. Relajen sus brazos, hombros y el resto del cuerpo. Pónganse cómodos. Pónganse de acuerdo sobre quién comienza. Lo mejor es acordar que repetirán el mismo ejercicio más adelante y entonces sea la otra persona quien podrá comenzar. Esta segunda parte, háganla después de un largo intervalo.

Durante este ejercicio, crearán en conjunto un espacio de recreación. La regla es: cada participante puede decir una sola frase en cada ocasión. El compañero retoma la idea del otro y la continúa.

Ejemplo:

Partner 1: "Estoy en una isla."
Partner 2: "Allí hay una bella playa de arena."
Partner 1: "El sol brilla y está haciendo un calor agradable."
Partner 2: "Siento la arena bajo mis pies."
Partner 1: "Hay una leve brisa."

Partner 2: "Estamos caminando por la playa."
etc.

En las descripciones trate de utilizar elementos emocionales comprensibles para el otro. Use menos elementos para ver y más elementos para sentir. Cada persona tiene un órgano sensorial preferido. Algunos pueden ver mejor, otros pueden sentir, oír, oler o degustar mejor. Asegúrese de que ambos participantes son estimulados en su propia imaginación.

El ejercicio debe estar vívido y ambos participantes deben ser capaces de sumergirse profundamente en la situación. Cuanto más profundamente se pueden dejar caer en sus emociones, mayor éxito se alcanza.

Si uno de los dos llegó al punto en el que puede decir sin inhibiciones "Te amo y quiero hacerte feliz", se lo dice en voz alta a su compañero/a. El ejercicio termina cuando ambos participantes hayan logrado expresar esto. No tenga reparos en hacer este ejercicio con alguien del mismo sexo que no necesariamente le es cercano, por ejemplo su socio en la empresa. Aquí se trata del amor universal y esto no significa que usted está expresando que quiere tener relaciones sexuales con la otra persona.

Usted quedará impresionado de cuánto este ejercicio transformará las relaciones de manera satisfactoria para ambos participantes.